L'AFRIQUE DU NORD

L'Algérie

Son Agriculture

Son Commerce

Son Industrie

Sa Colonisation

Son Avenir

Par l'Abbé G. DERVIN

Curé de Pourcy.

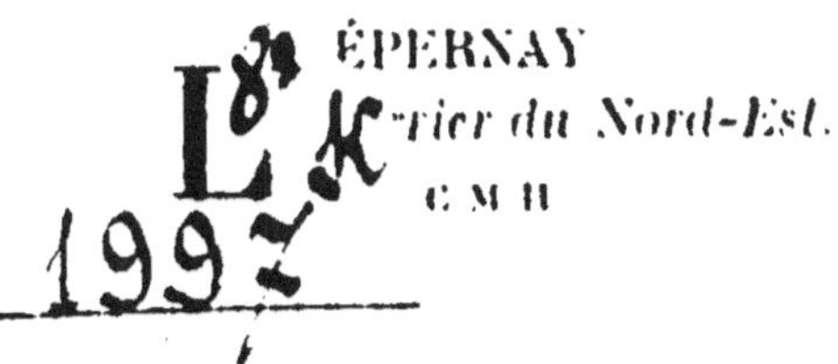

ÉPERNAY

Courrier du Nord-Est.

C M H

1997

L'ALGÉRIE

L'AFRIQUE DU NORD

L'Algérie

Son Agriculture
Son Commerce
Son Industrie
Sa Colonisation
Son Avenir

Par l'Abbé G. DERVIN

Curé de Pourcy.

ÉPERNAY
Imp. du *Courrier du Nord-Est.*
M C M II

AVANT-PROPOS

Je n'ai pas la prétention, dans une brochure de moins de cent pages, de donner de l'Algérie une étude historique, économique et politique complète. Ce n'est pas non plus une étude critique. C'est tout simplement une tentative de vulgarisation.

Nous sommes en France si attachés au village ou à la région qui nous a vus naître, nous aimons si peu à sortir du cercle étroit dans lequel nous vivons, que tout ce qui peut être intéressant en dehors de notre genre ordinaire de vie nous laisse complètement indifférents.

Nos colonies, qui sont un prolongement de la France, une partie de la France, nous nous en désintéressons parce que nous ne les connaissons pas, parce qu'elles sont éloignées de nous. Si nous faisons un voyage d'agrément d'une certaine étendue, nous restons sur le continent, sans penser qu'au-delà de la Méditerranée, à vingt-quatre heures de Marseille, existe une terre française capable d'attirer les voyageurs et les touristes par ses curiosités naturelles, son climat des plus doux et ses riches productions agricoles et minérales.

L'Algérie ! Pays dont le nom retentit bien des fois à mes oreilles pendant mon enfance, dans les récits que nous faisait, les longues soirées d'hiver, un vieux vétéran de toutes les campagnes d'Afrique.

Ces récits avaient frappé fortement ma jeune imagination et avaient laissé dans mon esprit un ardent désir de visiter cette terre illustrée par tant de faits glorieux. L'étude de son sol et de ses productions, de son agriculture et de sa viticulture, m'attirait.

En 1901, l'occasion s'offrit enfin de réaliser le rêve que je caressais depuis longtemps : visiter l'Algérie.

Cette brochure est la conséquence de mon voyage. C'est, comme je l'ai dit plus haut, une étude de vulgarisation.

La bibliographie algérienne comprend une masse énorme d'études, de rapports, de documents et de statistiques disséminés en un grand nombre de volumes. Se reporter à toutes ces sources serait entreprendre un travail bien fait pour décourager les plus résolus.

J'ai donc pensé, afin de donner à mes lecteurs une idée générale et juste de l'Algérie, qu'il convenait de réunir, en un seul faisceau, les renseignements les plus utiles et les plus intéressants. Ce sont des notions que je me suis efforcé de présenter clairement.

Si je parviens, dans ma petite sphère, à faire connaître et aimer cette autre France, si je décide quelques-uns de mes concitoyens, à des idées plus larges et qui se trouveraient trop à l'étroit chez eux, à traverser la Méditerranée, à aller fixer leur demeure sur ce sol enchanteur et à concourir au développement d'une « *France toujours plus grande* », j'en serai heureux, car mon travail, mon labeur seront compensés par le sentiment du devoir accompli et d'avoir été utile à mon pays.

G. DERVIN.

A Pourcy, le 1ᵉʳ Octobre 1902.

L'ALGÉRIE

Les Zones culturales de l'Algérie

L'Algérie s'étend sur une ligne de plus de 1,100 kilomètres de l'est à l'ouest et sur une profondeur de 400 à 500 kilomètres de la mer au Sahara. Elle est formée de régions très différentes par l'altitude et le climat subissant, par suite, des influences météorologiques très diverses. Dans ces conditions, ne pouvant en donner un tableau complet, nous essaierons simplement d'esquisser la physionomie générale de l'agriculture algérienne, l'importance de sa production, les conditions qui la régissent et les éléments sur lesquels elle appuie sa situation actuelle et fonde ses espérances d'avenir.

Un des points qui doivent d'abord attirer l'attention, c'est la climatologie. Ce facteur est des plus importants parce qu'il imprime à l'agriculture algérienne son caractère particulier, parce qu'il échappe au pouvoir de l'homme, et enfin parce qu'il faut partout et à toute heure en tenir compte si l'on ne veut s'exposer aux échecs les plus sérieux.

Le territoire algérien colonisable se trouve enserré

entre deux limites bien nettes et de nature très différente. Au nord, c'est la Méditerranée qui, au point de vue climatérique, joue le rôle de régulateur avec sa vaste nappe, sa température plus égale, ses vapeurs plus ou moins humides. Au sud, c'est le Sahara, avec son immensité de terres sèches où l'atmosphère, brûlante et froide tour à tour, présente les écarts les plus marqués.

Entre ces deux limites s'étend une surface très tourmentée, qui a été divisée suivant les latitudes, en régions de climats très divers et par conséquent d'aptitudes agricoles nettement dissemblables.

Dans son ensemble, cette grande étendue de terre qui s'étend de la mer au Sahara, peut être divisée en deux parties principales : le Tell et les Hauts-Plateaux. Le Tell réalise le type de la région de culture proprement dite et les Hauts-Plateaux présentent surtout le caractère de pays d'élevage du mouton.

Contrairement à ce que l'on pourrait croire, ce sont les régions de l'Algérie le plus au nord, celles qui avoisinent le rivage de la mer, qui présentent le climat le plus propre à la culture des plantes des pays chauds. Au contraire, plus on s'enfonce dans l'intérieur des terres, plus la végétation perd tout caractère tropical.

Le dattier et le bananier, communs sur le rivage, disparaissent successivement devant l'oranger et l'olivier qui, eux-mêmes, ne se rencontrent plus lors qu'on arrive sur les Hauts-Plateaux, où l'on retrouve la végétation de la France continentale et de l'Europe centrale. Puis vient la maigre flore du Sahara et ce n'est que dans quelques oasis du Sud que l'on voit de nouveau prospérer le dattier.

Quelques détails sur chacune des zones ou régions culturales sont nécessaires pour bien marquer leurs aptitudes agricoles et leur valeur économique.

1° LE TELL

On donne en Algérie le nom de Tell à toute la partie cultivable qui s'étend de la mer aux Hauts-Plateaux. Cette partie se divise en deux régions : la *région maritime* et la *région montagneuse*.

Le long de la mer, à son niveau ou à de faibles altitudes, s'étend la première région qui a peu de profondeur et s'arrête à la limite où ne se fait plus sentir l'influence de l'atmosphère marine. On peut la caractériser en l'appelant la *zone de l'oranger*. C'est la portion la plus riche, favorable à l'exploitation intensive du sol, à l'élevage du gros bétail, aux forts rendements de céréales, aux prairies à hautes herbes, à l'horti-culture fruitière et maraîchère d'exportation, aux orangeries et surtout aux vignobles à grands ren-dements.

Les pluies y sont abondantes, atteignant une hauteur moyenne annuelle sensiblement décroissante de l'est à l'ouest, mais suffisante, en général, pour assurer de bonnes récoltes.

Le phénomène des pluies présente en Algérie ce caractère particulier, qui la rapproche des pays tropicaux, que la presque totalité de l'eau tombe pendant une moitié de l'année, celle à température fraîche. Toute l'évolution de la végétation, au moins pour les plantes annuelles, s'effectue durant cette période. Contrairement à ce qui se passe en Europe. c'est pendant les mois d'été que la végétation est arrêtée, la chaleur jouant ici le même rôle que le froid plus au nord.

La quantité d'eau de pluie qui tombe annuellement n'est pas uniforme sur toute l'étendue de l'Algérie. Sur les hauts plateaux, la moyenne annuelle varie entre 400 millimètres sur la limite sud et 450 millimètres sur la limite nord. Dans le Tell, la répartition des pluies ne s'effectue pas de cette manière par zones disposées dans le sens de l'équateur. C'est, au contraire, plutôt dans le sens du méridien que varie l'intensité des pluies. La zone la mieux arrosée est la zone centrale, la Kabylie, où la moyenne annuelle varie de 800 à 1,100 millimètres. A mesure qu'on s'éloigne de cette zone, la quantité de pluie diminue : à Bône, elle est encore de 738, et à Guelma, de 637 millimètres ; à Alger, de 766, et à Médéa, de 754. Dans l'ouest, la diminution est plus forte encore : à Oran, la moyenne annuelle n'est plus que de 486 millimètres, et à Sidi-bel-Abbès, de 398 millimètres.

Les bonnes années sont caractérisées par des pluies hâtives en octobre et novembre, des périodes de beau temps en décembre et en janvier et des alternatives de pluie et de soleil se poursuivant jusqu'en avril. La moyenne mensuelle de la température l'hiver est de $+ 5°$ minima et $+ 15°$ maxima ; l'été, elle est de

20º minima et 29º maxima. Mais au point de vue agricole, ce sont surtout les températures extrêmes qu'il est intéressant d'enregistrer, pour déterminer entre quelle limite de chaleur ou de froid devra évoluer la vie des plantes.

Dans la région maritime, le thermomètre s'élève en été jusqu'à + 42º, + 45º, + 48º (Philippeville) et même + 50º (Orléansville). Tandis que parfois l'hiver il descend jusqu'à 2 et 3º au-dessous de 0. Les températures extrêmes sont d'ailleurs de courte durée, ce qui atténue leurs effets nuisibles sur la végétation. Elles suffisent néanmoins pour créer un obstacle à l'introduction de certaines plantes exotiques.

Ce qui caractérise surtout le climat de la région marine, c'est l'extrême humidité de l'air, presque saturé d'eau : aussi les chaleurs de l'été y sont fort pénibles. A Alger, même pendant les mois les plus chauds, le matin, les murs des maisons et les pavés des rues suintent l'eau comme il arrive dans le nord de la France au moment du dégel. Cette humidité de l'air diminue à mesure que l'on s'éloigne de la mer, pour disparaître presque complètement sur les hauts plateaux et dans le Sahara. C'est ce qui explique pourquoi la chaleur, bien que plus élevée dans ces deux régions l'été, y est plus supportable que dans la zone maritime.

Dans les villes du littoral, le climat d'hiver est rempli de charme : la moyenne mensuelle des maxima est de 15 à 17º ; celle des minima est de 7 à 10º ; pendant les mois d'été, elle s'élève jusqu'à 32º. C'est dans les parties du Tell abritées par des massifs montagneux que l'on observe les températures estivales les plus élevées : dans la plaine du Chélif, 50° à Orléansville et 48° à Saint-Cyprien des Attaf.

C'est dans la zone maritime où les terres ont une grande valeur, que la colonisation a atteint son plus beau développement : favorisée par les chemins de fer, par le voisinage des ports et des centres plus peuplés, elle y a créé une agriculture intensive et une horticulture perfectionnée qui donne au pays une physionomie particulière d'abondance et de prospérité.

La *région montagneuse* fait suite à la région maritime. Elle est composée de terres accidentées coupées de vallées, de ravins, dominée par des massifs rocheux et des pics assez hauts pour garder quelque temps les neiges de l'hiver.

La Kabylie appartient à cette région montagneuse que l'on peut appeler *la zone de l'olivier*, car cet arbre ne prospère plus sur les Hauts-Plateaux, même à des altitudes inférieures à celles qu'il occupe dans les contrées du climat montagneux. Cette zone est tempérée dans ses parties avoisinant la zone maritime, mais elle devient froide dans les sommets, à mesure que l'on s'éloigne du rivage.

Les hivers y sont marqués par des chutes de neige assez fréquentes ; au printemps, il gèle surtout dans le voisinage des Hauts-Plateaux.

Bien que la chaleur et le siroco s'y fassent vivement sentir, l'abaissement de la température pendant la nuit et la sécheresse de l'air permettent toujours dans ces régions un repos bienfaisant et réparateur.

C'est en Kabylie que les pluies sont les plus abondantes. En certains endroits, elles dépassent une moyenne de un mètre. Cette zone est celle des belles forêts de chènes, de connifères, d'oliviers et de caroubiers.

C'est la région par excellence des cultures fruitières. La vigne s'y comporte admirablement et y donne de beaux vins colorés ou alcooliques, mais avec des rendements moins élevés que dans la première zone. Les prairies y sont composées d'herbe substantielle et se prêtent à l'engraissement du gros et du petit bétail.

Les céréales y sont cultivées avec succès, notamment à Sidi-bel-Abbes, Médéah, Sétif, Constantine, et l'agriculture s'y trouve, sauf pour la pluie, dans des conditions générales assez semblables à celle du centre de la France.

Certaines parties de cette région, comme les environs de Sétif, dessinent la forme de plateaux légèrement ondulés et leur altitude assez élevée leur assure un climat tout particulier.

Le sol y est riche en principes fertilisants, généralement léger, facile à travailler, même avec les instruments rudimentaires dont disposent les indigènes. C'est le pays de la grande culture de l'orge et particulièrement du blé dur. Les rendements y sont sensiblement inférieurs à ceux des contrées plus proches de la mer, mais cette infériorité de rendement est compensée par la grande étendue des terres mises en culture avec des frais bien moins considérables.

Quand les irrigations sont possibles dans cette région

montagneuse, les prairies naturelles et artificielles y donnent des fourrages de qualité supérieure. Ce pays est éminemment salubre, d'un climat tempéré, grâce à ses altitudes ; l'eau y est assez abondante et de bonne qualité et le colon y rencontre les conditions les plus favorables à son installation et à son acclimatement rapide.

2° RÉGION DES HAUTS-PLATEAUX

Cette région, qui occupe tout le centre de l'Algérie, du Maroc à la Tunisie, est caractérisée par une série de hautes terres, situées à une altitude moyenne de 800 mètres, adossées, en quelque sorte, aux montagnes les plus élevées du Tell. Elle se continue très loin dans le sud, avec de légères ondulations, et se termine par un bourrelet qui la sépare de la région saharienne.

Ainsi orientés, ces Hauts-Plateaux se trouvent exposés aux vents du sud, tantôt secs, tantôt brûlants (siroco) ; à ceux de l'est et de l'ouest, rarement chargés de pluie, mais ramenant en hiver des bourrasques de neige ; au vent du nord, qui ont perdu leur humidité et déversé leur pluie dans les régions antérieures.

Cette région subit des actions météorologiques extrêmes : certains points éprouvent pendant l'été des chaleurs de 46 et 48° et le thermomètre y descend en hiver jusqu'à — 14°. Pendant la journée, les écarts de la température peuvent atteindre une amplitude de 45°. La neige y tombe tous les ans et persiste en certains endroits comme dans la région du centre de la France.

L'air, très sec, amène une évaporation intense, causant des sécheresses fréquentes et désastreuses pour l'agriculture.

La pluie est rare sur les Hauts-Plateaux où la moyenne est seulement de 40 centimètres par an ; de plus, elle tombe presque toujours en averses orageuses, à intervalles très éloignés. Le manque de pluie, au printemps, entraine souvent la perte des récoltes.

Les Hauts-Plateaux ne sont d'ailleurs cultivables que sur certains points et la nature du sol y est très variée. Les indigènes y cultivent quelques céréales, mais ils mènent, en général sous la tente, la vie nomade de pasteur, cherchant les points d'eau et se déplaçant quand les pâturages spontanés sont épuisés. C'est le *pays du mouton et de la chèvre.* En certains endroits, les indigènes élèvent des chevaux.

L'eau y est rare ; les dépressions du sol forment des *r'dirs* qui se remplissent en hiver et se dessèchent en été, gardant plus ou moins longtemps une eau saumâtre que boivent tous les troupeaux et qui devient dangereuse si l'on ne prend certaines mesures d'aménagement. Autour des points d'eau, on trouve quelques arborescants : peupliers, ormes, frènes, abricotiers, cerisiers. Le sol se revêt spontanément de quelques graminées, de touffes d'alfa assez denses dans l'ouest, d'orge sauvage et de gazon, qui résistent assez bien aux intempéries de l'hiver et de l'été. La forêt y est rare. Dans les parties plus au nord, les Européens cultivent quelques céréales et se livrent à l'élevage. En somme, les Hauts-Plateaux ne se prêtent pas à l'agriculture proprement dite et constituent plutôt la région des pasteurs transhumants.

3° RÉGION DÉSERTIQUE

Elle est constituée par des immensités nues, sèches, arides, dont l'altitude diminue à mesure qu'on s'éloigne de la mer, mais se relève de l'est à l'ouest, passant de 0 mètre aux confins de la Tunisie à 1,000 mètres d'altitude sur les frontières du Maroc.

Ce qui caractérise cette région, c'est la siccité de l'air, l'absence ou au moins l'extrême rareté des pluies, l'exagération de la chaleur, la persistance des vents secs et la grande amplitude des variations diurnes du thermomètre.

L'eau tombant annuellement dépasse 200 millimètres pour peu de stations. Biskra ne reçoit que 170 millimètres, Gardhaïa 103 millimètres, Ouargla 91 millimètres et El Goléah 71 millimètres.

Sous l'influence des sirocos très fréquents, le thermomètre monte jusqu'à + 50° *à l'ombre*; en hiver, il descend parfois au-dessous de zéro.

Cette région échappe totalement à la colonisation; elle est impropre à toute culture, sauf sur certains points situés le long de cours d'eau souterrains et où, grâce à des puits artésiens, on a pu établir des oasis très prospères.

De ce rapide exposé, il résulte qu'il ne faut pas appliquer à l'Algérie ni un terme général spécifiant son climat, ni la notion d'une agriculture pouvant s'étendre indifféremment à toutes ses parties.

Cette division orographique de l'Algérie est importante à retenir, car elle précise ce que peuvent être, dans les deux premières zones, les cultures à entreprendre, cultures qui doivent être adaptées aux exigences du climat. Même restreinte à ces deux régions, la colonisation a un champ immense, une surface totale qui représente celle de 60 départements de la France.

L'Agriculture arabe

L'agriculture algérienne ne varie pas seulement selon les conditions si diverses du climat et surtout de l'altitude ; elle présente encore des aspects différents selon l'origine des populations qui la pratiquent. C'est pourquoi l'on distingue en Algérie l'agriculture *indigène* et l'agriculture *européenne.*

L'agriculture indigène revêt, d'ailleurs, des caractères différents suivant que le sol est exploité par l'Arabe ou par le Kabyle.

L'Arabe, qui appartient à la race conquérante, est cultivateur ou pasteur ; et selon que le sol sur lequel il vit se prête mieux à la culture ou à l'élevage, il s'adonne de préférence à l'une de ces branches d'exploitation, sans négliger entièrement l'autre.

L'Arabe est d'ailleurs un piètre travailleur de la terre, dont il cultive à peine de quoi suffire à ses minces besoins, demandant le reste aux productions spontanées et gratuites du sol.

Suivant les régions, il vit avec sa famille et son

bétail sous la tente tissée du poil de ses bêtes, ou bien dans le gourbi, dont la forêt ou la broussaille voisine lui fournit les matériaux.

Il met le sol en valeur par les moyens les plus rudimentaires, exigeant la moindre dépense possible d'argent et de travail. Son matériel agricole est des plus simples : une charrue et parfois une herse. D'après les statistiques officielles, on compte chez les Arabes 250,000 charrues et 1,500 herses.

Pour les autres travaux qu'exige la culture des céréales, moisson, battage, vannage, etc., l'Arabe ne possède aucun instrument spécial : les céréales sont moissonnées par la même faucille qui sert à tondre les moutons ; les épis, coupés avec une longueur de chaume tout juste suffisante pour les réunir en javelle, sont battus au pied des bêtes ; pour vanner le grain, on profite d'un vent convenable qui permette, en projetant en l'air le mélange de grain et de paille, de séparer l'un de l'autre.

La charrue elle-même est de construction très primitive. Elle est façonnée grossièrement au moyen d'une hachette dans une branche de chêne, de frêne ou d'olivier. Le soc seul est en fer ; des oreilles en bois ou des chevilles placées de chaque côté du soc remplissent l'office de versoir. L'extrémité de la flèche repose sur le joug, auquel elle est attachée par une courroie. La profondeur du labour est réglée en avançant plus ou moins sur le joug l'extrémité de la flèche. C'est avec cette charrue rudimentaire, attelée d'une paire de bœufs, de chevaux, d'ânes ou de mulets, que l'Arabe gratte la terre pour y semer en hiver des céréales et au printemps du sorgho ou du maïs dans les terres les plus fraîches. Le grain est semé avant le labour qui l'enterre en partie. Le rendement des terres ainsi travaillées est, on le conçoit, inférieur à celui qu'obtient le colon avec ses charrues de construction moderne.

La charrue indigène a néanmoins de nombreux avantages : elle est légère et très maniable ; grâce à la longueur de sa flèche, elle permet d'évoluer au milieu de tous les obstacles ; en cas d'accident, elle est de réparation facile. En beaucoup de terrains de peu de profondeur et à sous-sol de mauvaise nature, elle est suffisante ; enfin, dans les coteaux, elle ménage une végétation spontanée qui sert à retenir les terres dans les pentes rapides. Ce grattage superficiel n'épuise pas la terre comme les labours profonds des Européens qui, au moyen d'engrais appropriés, rendent au sol ce qu'ils lui ont enlevé. Il serait à désirer que les Arabes se missent à appliquer nos méthodes de culture ; mais à part quelques rares exceptions et malgré les encouragements du Gouvernement de l'Algérie, ils n'ont pas encore bien compris la nécessité de modifier leurs coutumes primitives et séculaires.

Lorsque la terre a été ensemencée en céréales, l'Arabe n'y revient que pour la moisson. La semence confiée au sol, l'Arabe considère sa tâche comme remplie ; c'est à Dieu qu'il appartient de faire le reste.

Dans les terres les plus fertiles, l'Arabe fait quelques cultures potagères consistant en fèves, pois chiches, pastèques et citrouilles. Sur le bord des cours d'eau, il crée quelques vergers.

Les troupeaux de bœufs, de vaches, de chèvres, de boucs, de moutons, gardés par un enfant, se promènent dans les champs, vivant dans la plus complète promiscuité ; ils mangent ce qu'ils trouvent, boivent quand ils peuvent, sont maigres en été, gras au printemps, se multiplient et se croisent à leur gré et restent exposés à toutes les intempéries.

L'Arabe ne fait aucune réserve de fourrage, aussi, dans les périodes sèches, ses animaux maigrissent ou meurent de faim.

Le seul animal dont il prenne un soin relatif, c'est le cheval.

Ce qui caractérise l'agriculture arabe, c'est qu'elle demande le plus qu'elle peut aux productions spontanées du sol et le moins au travail de l'homme. L'Arabe réduit au minimum ses besoins, qu'il ne satisfait que dans la stricte mesure nécessaire : son objectif semble être de vivre des produits naturels du sol, et s'ils sont insuffisants, ce n'est qu'à regret qu'il consent à aider la nature pour lui faire rendre davantage.

Ce fatalisme, cette imprévoyance, cette façon d'agir sont le résultat des conditions spéciales au milieu dans lequel l'Arabe a vécu et des dogmes fondamentaux de sa religion.

L'Arabe n'est pas seulement un grand producteur de céréales qu'il cultive sur une superficie de plus de 2 millions d'hectares ; il est aussi un grand éleveur. Il possède, en effet, la presque totalité de l'effectif des troupeaux de bœufs et de moutons. Dans le Tell, c'est le bœuf qu'il élève ; dans les Hauts-Plateaux proprement dits, c'est le mouton. Bien que principalement pasteur sur les Hauts-Plateaux, il y cultive encore des céréales sur d'assez grandes surfaces.

Il entretient un effectif de bœufs de plus d'un million de têtes, environ 170,000 chevaux et mulets, sans compter les ânes, employés seulement comme animaux de bât. L'effectif de ses moutons varie suivant ses années, de 7 à 10 et 12 millions de têtes, produisant comme laine, lait et animaux exportés ou consommés sur place une valeur en argent d'environ 40 millions de francs. Si l'on ajoute à ce chiffre les produits des espèces caprine, cameline, etc., on arrive, pour la production animale chez les indigènes, à une valeur annuelle qui oscille entre 85 et 100 millions de francs.

Le rôle de l'Arabe, comme éleveur et comme cultivateur, n'est donc pas sans importance, malgré les procédés rudimentaires qu'il emploie en s'abandonnant avec résignation aux forces naturelles et en réduisant au minimum l'action de l'homme et le capital d'exploitation.

L'indigène prend une part considérable au commerce d'exportation de l'Algérie, particulièrement pour les céréales et le bétail.

Cette production agricole pourrait être considérablement augmentée par l'application de bonnes méthodes empruntées aux Européens. De simples abris, quelques réserves de fourrages pour la mauvaise saison, un meilleur choix de reproducteurs, suffiraient pour amé-

liorer considérablement les conditions de l'élevage.
L'indigène, d'ailleurs, n'est pas, en principe, réfractaire
au progrès. Inaccessible à la théorie, il ne croit que ce
qu'il voit, mais lorsqu'il y reconnaît son intérêt, il finit
par suivre l'exemple donné. C'est ainsi que dans la
région du Sétif, à la suite des colons européens, les
indigènes se sont mis à cultiver avec nos charrues et
selon les méthodes françaises.

A la différence de l'Arabe, qui est seulement pasteur
et cultivateur de céréales, le Kabyle, habitant surtout
des régions montagneuses, se livre aux cultures les plus
variées, principalement à l'arboriculture. Il aime le
travail de la terre et il est profondément attaché au sol
qui le fait vivre. C'est l'ancien possesseur du pays avant
les invasions musulmanes.

L'agriculture arabe ne connaît que les grandes
terres de parcours pour le mouton, les vastes étendues
ensemencées de céréales ; chez le Kabyle, au contraire,
toute l'activité des cultivateurs se concentre sur un coin
de terre qui suffit à le faire vivre avec quelques oliviers
ou figuiers. Ce qui frappe en Kabylie, c'est l'extension
de plus en plus grande que prend la mise en valeur du
sol. Les moindres parcelles susceptibles de culture sont
défrichées. Partout dans les pentes rapides où il y a la
moindre terre végétale, le paysan plante des arbres : des
oliviers et surtout des figuiers.

A la différence de la femme arabe, la femme kabyle
est, dans les travaux des champs, l'auxiliaire de son
mari, presque toujours monogame. A ses attributions
dans le ménage, qui consistent à soigner le bétail, à

préparer les aliments, à transporter le bois et l'eau à la maison, la femme kabile joint les travaux du jardin. Ce sont les femmes qui ramassent les olives que les hommes font tomber à coups de gaules. Ce sont elles encore qui récoltent les figues et les font sécher.

Si intensive que soit la culture en Kabylie, elle ne suffit pas pour nourrir la nombreuse population de ce pays. Aussi les Kabyles sont-ils obligés de chercher dans les exploitations agricoles des Européens des ressources supplémentaires. C'est par légions qu'ils se répandent dans les vignobles, au moment de la vendange et des autres travaux, — ou dans les champs, lors de la fenaison et de la moisson.

On estime que les salaires payés chaque année aux indigènes (Arabes et Kabyles) par les colons européens peuvent s'élever au chiffre de 40 millions de francs. L'importance de cette somme montre que l'indigène (surtout le Kabyle) est intéressé au plus haut point à la prospérité de l'agriculture et surtout de la viticulture dans le nord de l'Afrique, et qu'il serait cruellement atteint par toute crise qui frapperait l'une ou l'autre de ces branches importantes de l'exploitation rurale.

Les productions de la Kabylie sont très nombreuses. Les principales sont les céréales et les fruits (olives et figues), dont le cultivateur tire presque uniquement sa subsistance.

Ce sont aussi les seuls produits qu'il exporte pour se procurer les objets indispensables à la vie et l'argent nécessaire au paiement des impôts.

L'Agriculture européenne

L'élément colonisateur n'a guère modifié les grandes lignes de l'agriculture dans le nord de l'Afrique : ce sont les mêmes plantes, obtenues par les mêmes méthodes, dont les procédés sont cependant améliorés.

Au début de l'occupation française, alors que le climat de l'Algérie était encore mal connu, on avait l'illusion que les cultures tropicales pouvaient y être entreprises avec succès. On pensait que l'Algérie pourrait fournir à la métropole le café, le cacao, le poivre, la vanille, le coton et toutes les riches denrées qu'elle retire de ses colonies lointaines. Mais un examen plus approfondi des conditions climatériques et économiques du pays fit revenir peu à peu les agronomes de cette première erreur. De nombreux essais ont montré, du reste, que l'Afrique du Nord, dans aucune de ses zones, n'offre un seul endroit favorable aux productions de l'agriculture *exotique*, généralement appelée *coloniale*. La Tunisie ne fait point exception à cette règle générale. Par contre, la similitude de climat qui existe entre l'Algérie et le Midi de la France a entraîné une telle ressemblance dans la nature des produits et les procédés de la culture, que l'Algérie a pu être regardée à bon droit comme un *prolongement* de la France et plus spécialement de la Provence.

N'ayant pu, malgré tous ses efforts, introduire en Algérie aucune culture spéciale, le colon s'est vu contraint d'entrer en concurrence avec les produits indigènes et avec ceux de la métropole. Ce sont les mêmes végétaux de grande culture, les mêmes céréales, les mêmes plantes alimentaires. Comme en Provence, les principales cultures arborescentes sont l'olivier, la vigne, l'oranger ; ces cultures sont cantonnées dans la région maritime ou montagneuse, à l'exclusion des Hauts-Plateaux. L'Algérie en est donc réduite à faire, sur toute la ligne, concurrence à la France méridionale, — inconvénient qui ne se fût pas produit si l'acclimatation de cultures exotiques eût été possible, car les produits obtenus se fussent écoulés sans peine, comme sans limite, sur le marché métropolitain.

Or, actuellement, la concurrence est fatale, car le même régime douanier régnant sur la France et sur l'Algérie, les marchés étrangers sont pratiquement fermés aux produits de l'une et de l'autre. Ceux de l'Algérie ne trouvent guère à s'écouler qu'en France, et quand le marché français est lui-même encombré, dans une année d'abondance, la mévente s'ensuit et une crise sévit sur les deux pays à la fois. Certains produits algériens ont néanmoins un écoulement presque assuré, à cause de qualités spéciales qui manquent à leurs similaires français : tels sont les blés durs, les orges, les tabacs, les vins forts en alcool et en couleur, que la France tire généralement de l'étranger.

En Algérie, la culture européenne se distingue très nettement de la culture arabe. L'indigène, comme il a été dit précédemment, ne demande à la terre que ce qui est strictement nécessaire pour assurer sa subsistance, — avec la moindre dépense possible de travail et d'argent. Tout son matériel agricole se compose : d'une charrue (et exceptionnellement d'une herse) dans les pays de céréales ; — d'une meule et d'un pressoir en pays d'oliviers.

Sauf la part de récolte qu'il est obligé de vendre pour payer ses impôts et faire face à quelques modiques dépenses d'entretien, l'indigène est consommateur de tout ce qu'il produit. Aussi est-il moins touché que l'Européen par les fluctuations des cours ; de plus, si le rendement est faible, le prix de revient est réduit au minimum.

Chez l'Européen, au contraire, les exigences de la vie imposent d'autres méthodes culturales. Il ne saurait, en effet, vivre de la vie des indigènes et se contenter de leurs maigres récoltes. Force lui est de recourir à une culture plus perfectionnée et, partant, plus rémunératrice, soit par un choix plus judicieux des terrains destinés aux céréales, soit par l'engrais du bétail que l'indigène a élevé.

Quand, dans la production agricole, le colon se trouve en concurrence avec l'indigène, il doit, pour l'emporter, se montrer industrieux et prévoyant. C'est en offrant au commerce des qualités supérieures qu'il assurera un débouché à ses produits : dans l'exploitation d'animaux à rendements précoces et intensifs, et dans la fabrication d'huiles d'olives fines, il se montrera facilement supérieur à l'indigène. En outre, grâce à des approvisionnements en grains et fourrages, il se mettra à l'abri des accidents occasionnés par les vicissitudes du climat, qui éprouvent trop souvent le producteur indigène.

Par la force des choses, ce sont les cultures d'un caractère industriel, — exigeant des avances considérables, mais offrant, par contre, de grands bénéfices, — qui tendent de plus en plus à absorber l'activité et les capitaux des colons européens. On constate, en effet, que plus du dixième des terres possédées par ces derniers est consacré à des cultures industrielles, principalement à la vigne, — et que cette proportion tend à s'élever.

Si les entreprises agricoles reposant sur une base unique (monoculture) n'étaient exposées à des risques énormes, ce développement des cultures industrielles, qui exigent une main-d'œuvre considérable fournie par les indigènes, n'aurait, au point de vue économique, que les conséquences les plus heureuses. En effet, ces entreprises multiplient les points de contact de l'élément français avec l'élément indigène, au grand profit de ce dernier qui s'assimile nos méthodes de culture ; elles fournissent, en outre, une somme considérable de salaires, grâce auxquels de nombreuses familles indigènes parviennent à équilibrer leur modeste budget. De plus, parmi les cultures industrielles, la vigne est devenue la plante colonisatrice par excellence, attirant en masse les capitaux et les émigrants. C'est grâce à la vigne que la colonisation libre, dans ces vingt dernières années, amena plus de cultivateurs et plus de capitaux en Algérie que n'avait fait la colonisation officielle dans les cinquante années précédentes. Depuis vingt ans, c'est la vigne qui est devenue le pivot de l'agriculture européenne en Algérie, et c'est à son sort que désormais se trouve liée la destinée de celle-ci.

Les Productions de l'Agriculture algérienne

Ce sont les céréales qui, par l'étendue des terres ensemencées et la valeur de la production, forment la base de l'agriculture algérienne.

L'ORGE

L'orge est la céréale la plus cultivée. La moyenne annuelle, calculée sur dix années, représente, chez les indigènes, une superficie de 1,277,136 hectares ensemencés, ayant produit 7,195,245 quintaux métriques, soit 5 quintaux 63 comme rendement à l'hectare. Chez l'Européen, on compte, en moyenne, 120,454 hectares produisant 990,975 quintaux, soit 8 quintaux 22 à l'hectare. Toujours et en tout, grâce à une culture plus perfectionnée, on retrouve cette différence entre la production de l'indigène et celle de l'Européen.

L'orge sert à l'alimentation de l'homme et du bétail, surtout du cheval. Elle constitue, en outre, un article important d'exportation, car les brasseries du Nord de la France s'alimentent en Algérie et certaines ne mettent en œuvre que des orges de cette colonie. En 1898, les exportations à Dunkerque se sont élevées à 350,000 quintaux.

La seule variété cultivée est celle d'hiver, connue sous le nom d'escourgeon. Les variétés printanières, cultivées en France, ne réussissent pas en Algérie.

LE BLÉ

Deux grandes variétés de blés sont cultivées en Algérie : les blés durs et les blés tendres. Tous deux sont des blés d'automne, c'est-à-dire qu'ils sont semés à la fin de l'automne ou au commencement de l'hiver.

Le *blé dur* est caractérisé par son grain d'aspect vitreux de forme allongée ; il se casse net sous la dent ; sa farine est plus riche en gluten que le blé tendre et semble faire corps avec l'écorce. Il est préféré par l'indigène pour son alimentation. Son épi, toujours muni de barbes, s'égrène moins facilement que celui des blés tendres ; sa paille plus rigide le rend moins sujet à la verse.

Ces blés sont surtout employés pour la fabrication des pâtes et des semoules.

Annuellement, chez l'indigène, on compte une moyenne de 957,880 hectares produisant 4,567,919 quintaux de blé dur, soit 4 quintaux 76 à l'hectare. Chez l'Européen, on compte 135,179 hectares produisant 881,718 quintaux, soit 6 quintaux 52 à l'hectare.

Le *blé tendre* est celui dont le grain, facile à rompre sous l'ongle, a une cassure blanche d'aspect farineux. L'intérieur est garni de farine riche en amidon. La tige est moins résistante à la verse et l'épi est tantôt barbu, tantôt sans barbes. Ce blé, cultivé dans les pays septentrionaux, réussit très bien en Algérie. On lui reproche de s'égréner trop facilement et de subir, au bout de quelques années, une transformation qui tend. à le ramener à l'état de blé dur.

Annuellement, les indigènes en sèment, en moyenne, 63,209 hectares produisant 267,868 quintaux. soit 4 quintaux 23 à l'hectare. Les Européens en sèment 127,795 hectares produisant 927,455 quintaux, soit 7 quintaux 25 à l'hectare.

Ces rendements à l'hectare sont sensiblement inférieurs à ceux obtenus en France.

On estime que la production moyenne de l'Algérie s'élève à 6,200,000 quintaux de blé ; la consommation annuelle étant de 5,000,000 de quintaux, c'est donc un excédent de 1,200,000 quintaux qui sont exportés.

La population de l'Algérie s'élève aujourd'hui à 4,738,000 habitants, dont 4,071,000 musulmans sujets français. La population européenne malheureusement s'accroît lentement ; il n'en est pas de même de la population indigène qui, en l'espace de cinquante ans, a passé de 2,300,000 à 4,071,000 habitants.

Si les résultats actuels des récoltes se maintiennent, il est à prévoir que, dans une période plus ou moins longue, ils suffiront à peine à la consommation et que, de pays exportateur, l'Algérie passera au rang de pays importateur de blés.

Malgré l'écoulement facile de ses excédents de grains, le rôle de la culture du blé, considéré dans ses rapports avec le marché général du monde, est resté secondaire, par suite de circonstances nombreuses et d'ordres divers. Les droits de douane en France, notamment, devraient être appliqués d'une manière plus intégrale, sans admission temporaire.

Quoi qu'il en soit, la culture des blés restera longtemps encore essentielle, nécessaire à la colonie elle-même et à la métropole.

Quelques chiffres indiqueront ce que coûte la culture d'un hectare de blé et le bénéfice qui peut être réalisé.

Rente de la terre............	60 fr.
Labours...................	30 »
Semences, 100 kilog.......	20 »
Semailles, hersage........	10 »
Moisson..................	25 »
Battage	25 »
Frais généraux...........	20 »
Total........	190 fr.

Récoltes : 10 quintaux de blé à 20 fr........	200 fr.
» 20 quintaux de paille à 2 fr.......	40 »
	240 fr.

L'hectare a rapporté net 50 francs.

Comme on le voit, dans les années où il n'y a pas de sécheresse et dans les régions de bonnes terres où il tombe une certaine quantité d'eau régulièrement répartie, le bénéfice est assez important, susceptible encore d'améliorations sérieuses.

L'Algérie, *Grenier de Rome !* C'est la première pensée qui vient à l'esprit de certaines personnes qui ont étudié l'histoire ancienne, dès qu'on leur parle des céréales de l'Algérie, et il leur semble que cette vision d'une abondance fabuleuse doive rester dans tous les temps la promesse d'extraordinaires moissons.

Il faudrait s'entendre sur ce point historique.

L'Algérie a t-elle produit autrefois plus qu'aujourd'hui ? On en doute.

Et d'abord, on estime que pour l'alimentation de Rome, 3,900,000 quintaux étaient nécessaires. Pour fournir cette quantité, non seulement l'Algérie était mise à contribution, mais encore les autres provinces voisines : la Tunisie, la Tripolitaine, l'Egypte, la Sicile et la Sardaigne. La quantité de céréales que devait fournir à cette époque l'Algérie paraîtra bien peu de choses si nous la comparons à celle qu'exportent actuellement nos trois provinces.

Il ne faut pas oublier également que l'Afrique était aux portes de Rome et que les transports étaient trop longs et trop coûteux pour que les blés des régions plus éloignées fissent une concurrence sérieuse aux blés africains. D'autre part, l'Afrique d'alors était fertile parce qu'elle était neuve ; toutes les terres cultivées avaient été gagnées sur un sol vierge, où les éléments de fertilité s'étaient entassés pendant des siècles. Au premier siècle de notre ère, Strabon nous décrit l'Afrique comme un pays primitif. Les villes y sont rares, les populations clairsemées habitent encore des gourbis. Ces espaces de terres vierges, exploitées par la main-d'œuvre servile, furent pour Rome, aux deux premiers siècles avant Jésus-Christ, ce qu'ont été de nos jours les riches plaines du Mississipi cultivées à l'aide de machines agricoles.

Mais ce sol a depuis longtemps épuisé ses réserves et perdu de sa fécondité. Car après les Romains vinrent les Vandales qui détruisirent à plaisir l'œuvre de leurs prédécesseurs. Vainement, pendant cent cinquante ans, les Grecs de Constantinople, en pleine décadence. essayèrent de ramener la prospérité des temps anciens. Ensuite les Arabes, pendant mille deux cents ans, furent impuissants, en raison de leur mode de vie, de leur état politique et de leur caractère de nomades, à entretenir dans le sol de ce pays les ressources qui, sans cesse renouvelées, sont la base essentielle de cultures régulières. Récoltant toujours sans jamais rendre à la terre, ils épuisèrent infailliblement les réserves qui pouvaient y être emmagasinées.

En faisant la conquête de l'Algérie, nous avons hérité de cet état de choses ; nous récoltons, il est vrai, et nous exportons aujourd'hui plus que l'Algérie ancienne n'a récolté et exporté, mais c'est grâce à l'immense étendue de terres cultivées en céréales.

Il faut donc, quand on parle de céréales en Algérie, éloigner de son esprit que notre colonie soit maintenant une terre céréalifère à l'égal du Far-West et des plaines du Mississipi, et ne considérer que les faits qui sont, eux, d'autant plus près de la vérité qu'ils sont loin de la légende.

LE SORGHO

Diverses variétés de sorgho sont, sous le nom de bechna, cultivées en Algérie, particulièrement par les indigènes pour leur alimentation. L'Européen, en moyenne, en sème 4,600 hectares, lui donnant un rendement de 26,000 quintaux de grains.

Le sorgho constitue surtout pour l'agriculture indigène, particulièrement en Kabylie, une précieuse ressource comme culture d'été, pour la réussite de laquelle quelques pluies de printemps suffisent. Il remplace les céréales comme produit alimentaire quand elles viennent à manquer.

En moyenne, les indigènes sèment 26 à 27,000 hectares de sorgho, donnant de 140 à 145,000 quintaux.

LE MAÏS

Le maïs réussit assez bien en Algérie, surtout dans les terres irriguées, où il donne des rendements relativement abondants et réguliers.

Les indigènes en sèment 8,682 hectares donnant 47,916 quintaux, soit 5 quintaux 57 par hectare. Les Européens en sèment 4,996 hectares, produisant 49,716 quintaux, soit 9 quintaux 95 par hectare.

L'AVOINE

L'avoine n'occupe qu'une place très restreinte dans la culture des céréales en Algérie. Les Européens l'emploient parfois pour l'alimentation des chevaux de préférence à l'orge ; mais cette céréale est produite surtout en vue de l'exportation.

Les indigènes ne la cultivaient pas avant notre arrivée dans le pays, parce qu'ils ne la consomment pas. Depuis, ils ont suivi l'exemple des colons européens, mais avec très peu d'enthousiasme, car leurs surfaces ensemencées n'ont passé de 2,397 hectares en 1890 qu'à 10,261 hectares en 1899.

Il faut aussi reconnaître que les Européens eux-mêmes n'ont jamais donné à la culture de l'avoine l'importance qu'ils auraient pu, car leurs surfaces ensemencées ne se sont élevées de 42,370 hectares en 1890, qu'à 74,369 hectares en 1899.

Au commencement de notre occupation, les colons hésitèrent à semer de l'avoine, parce qu'ils n'en avaient pas l'écoulement au dehors, et surtout parce que les Arabes prétendaient que le grain ne pouvait être donné aux animaux sans produire un échauffement dangereux. De nombreuses expériences prouvèrent que, un mois ou deux après la récolte, cet inconvénient n'est plus à craindre, et la prévention tomba. Puis, le commerce d'exportation s'intéressa à cette production, parce que les avoines d'Algérie se moissonnent deux mois plus tôt qu'en France et arrivent sur les marchés au moment où les stocks s'épuisent et où la marchandise nouvelle jouit toujours d'une faveur marquée.

Sous l'effet de ces deux impulsions, la culture de l'avoine s'est propagée, mais peut-être pas autant qu'elle le mériterait, car l'avoine vient dans tous les terrains ; elle résiste mieux que toute autre céréale à la sécheresse, ne craint pas les sols arides et ne demande pas une préparation de la terre très soignée. Elle s'empare des engrais les moins décomposés et — qualité précieuse pour les nouveaux colons — elle réussit sur les défrichements.

On ne cultive en Algérie que l'avoine commune d'hiver qui est la plus rustique ; les autres variétés introduites sont délicates et s'abâtardissent. On la sème d'octobre à mi-janvier, car elle s'accommode d'un retard dans les semailles ; mais plus on la sème tôt, plus le rendement est élevé.

Elle mûrit avant l'orge, c'est-à-dire vers le 15 mai ; il faut la moissonner avant une maturité trop avancée, parce qu'elle s'égrène facilement, et qu'étant le premier grain mûr de l'année, elle est attaquée par les fourmis et les moineaux qui sont, pour l'Algérie, une véritable plaie.

La production de l'avoine a été, de 1890 à 1899, d'une moyenne annuelle de 620,000 quintaux.

Chaque année, la France achète à sa colonie, au minimum, 400,000 quintaux, sa production de 86 millions d'hectolitres d'avoine étant insuffisante pour satisfaire à sa consommation qui en réclame 92 millions.

Causes de l'Infériorité des Récoltes de Céréales en Algérie

Comme on le voit par les chiffres cités plus haut, les céréales en Algérie donnent des résultats bien inférieurs aux résultats obtenus dans nos terres de France.

Il est vrai que les chiffres que nous avons cités sont calculés sur une moyenne de dix années, 1889-1899, d'après les statistiques relevées par le Gouvernement. Les bonnes et les mauvaises terres, les bonnes et les mauvaises récoltes, les années pluvieuses et les années de sécheresse, entrent donc pareillement en ligne de compte dans ce calcul. Mais, quoi qu'il en soit, c'est un fait certain que les céréales en Algérie donnent des rendements inférieurs à ceux de la France.

Quelles sont les causes de cet état de choses ? Tiennent-elles à la nature du sol, au climat, comme beaucoup le prétendent ? Découlent-elles du régime politique et administratif, comme on le dit le plus souvent, ou bien faut-il accuser notre ignorance des conditions spéciales à l'agriculture africaine ?

Bien des opinions ont été émises sur ce point. Mais au dire des hommes compétents, qui s'appliquent à élucider cette question, la cause générale qui produit à Oran les mêmes effets qu'à Tunis, c'est le mode de culture barbare suivi par les cultivateurs, colons ou indigènes : « *la culture sans engrais,* ou, ce qui revient au même, parce qu'une des deux choses ne va pas sans l'autre, *la culture sans fourrages.* »

Les prairies artificielles en Algérie occupent une surface de moins de 10,000 hectares. Le reste des terres tenues par les Européens se répartissent en parties sensiblement égales en jachères et en céréales. Vu le chiffre si minime des prairies artificielles, on peut à peu près dire que les cultures fourragères n'existent pas en Algérie. Comment alors les colons pourraient-ils entretenir un bétail nombreux ? On estime que chez eux le poids moyen du bétail entretenu par hectare ne s'élève pas à plus de 38 kilogrammes, alors que les principes les plus élémentaires de l'agriculture imposent au cultivateur l'obligation d'entretenir cinq cents kilo-grammes de poids vif par hectare, s'il veut maintenir sa terre en bon état de fertilité.

Chez l'indigène, la situation est encore plus mauvaise. Tandis que l'Européen recueille le fourrage naturel que lui donne la jachère les années pluvieuses, c'est-à-dire un an sur trois, l'Arabe ne fait jamais de provision de fourrage. Si l'on compare son troupeau à l'immensité des surfaces qu'il cultive en céréales, on trouve qu'il n'entretient même pas à l'hectare trente kilogrammes de poids vif.

Quel est le sol qui, même en France, résisterait à un pareil mode de culture ? Il serait épuisé au bout de dix ans.

Avec une pareille méthode, les cultivateurs algériens se condamnent à une ruine inévitable.

La différence qui existe entre le colon et l'indigène, c'est que le premier donne des labours plus profonds et épuise la terre deux fois plus vite, et le second, avec son mauvais araire, ménage la terre et lui permet de ne pas se dépouiller en quelques années de tous ses éléments fertilisants.

La culture unique des céréales peut donner la prospérité au colon qui dispose de grandes étendues et qui laisse reposer sa terre trois ou quatre ans ; elle donne de merveilleux résultats sur des défrichements. Mais quand le pays se peuple et que les maisons et les fermes se rapprochent les unes des autres, la culture extensive devient impossible ; il est alors urgent de restituer au sol les éléments de fertilité que les récoltes lui ravissent chaque année.

Le sol ne renferme qu'une quantité limitée d'acide phosphorique, de potasse et d'humus. On a cru et on croit encore que le sol algérien est d'une fertilité inépuisable, que le fumier est inutile. C'est là une erreur des plus graves. On confond le passé avec le présent. Un grand nombre de colons se sont établis sur des terres à défricher ; aussi les récoltes des céréales étaient-elles merveilleuses au début ; à Bel-Abbès, le rendement s'est maintenu à 15 quintaux pendant vingt ans. Dans les nouveaux villages, on constate que les deux ou trois premières années, tant que le rendement se maintient à 10 ou 12 quintaux, le colon est prospère. Ensuite, les terres épuisées ne donnent plus que 5 à 6. Alors, la prospérité des premiers jours commence à disparaître. Comme le bétail n'existe pas pour réparer les pertes du sol, le colon va vite à la ruine. Une mauvaise année le met à bout de ressources, s'il n'est pas économe et laborieux ; s'il possède ces qualités, il végète à force de travail et de privations sur cette terre qu'il croyait d'une fertilité merveilleuse.

Autrefois, la culture sans engrais faisait vivre l'indigène en temps normal, car il remplissait ses silos les années d'abondance ; le manque de voies de communications s'opposait à la vente des produits du sol ; cependant, quand les mauvaises années se succédaient, les populations subissaient des famines terribles qui emportaient parfois le tiers des habitants.

La conquête a modifié cet état de choses ; les chemins de fer et les routes ont rendu les échanges plus faciles ; l'indigène, au lieu de garnir ses silos, transforme sa récolte en écus sonnants ; comme il a contracté de nouveaux goûts, de nouvelles habitudes, il a vite dépensé ses écus. Il a doublé la superficie de ses terres ensemencées. Ces terres nouvelles, livrées à la charrue, il ne les a pas conquises sur la brousse, car l'indigène ne défriche pas ; mais c'est la céréale qui a de plus en plus empiété sur la terre en repos, et en maints endroits, on ensemence la même terre deux années sur trois. De là une diminution considérable dans les rendements.

L'Algérie possède aujourd'hui une population trop nombreuse pour se livrer à la culture extensive. Si elle veut pouvoir nourrir ses habitants, qui deviennent chaque jour plus nombreux, il faut qu'elle adopte la culture intensive, c'est-à-dire faire produire le plus possible sur le plus petit lot.

Pour cela, il faut rendre à la terre les éléments que les récoltes lui ont enlevés. Comment y arriver sans fumier ? Comment produire du fumier sans bétail ? Comment nourrir son bétail sans la culture de plantes fourragères, qui sont pour le sol qu'elles occupent des sources productives d'azote et de potasse ?

L'agriculture française de la fin du xviiⁱ siècle ressemblait beaucoup à notre agriculture africaine ; comme elle, elle ne connaissait en maints endroits que la céréale et la jachère. Ce mode de culture désastreux amenait en France les mêmes maux que nous constatons en Algérie : misère et famine. Aujourd'hui, notre sol nourrit une population près de deux fois plus nombreuse qu'en 1789 et supporte des impôts huit fois plus élevés. La seule raison, c'est qu'une grande transformation s'est opérée dans l'agriculture française :

'étendue des terres ensemencées en céréales a peu varié, mais la jachère a cédé la place à de bonnes prairies naturelles, aux racines fourragères et aux prairies artificielles.

Cette transformation qui a décuplé les richesses de la France, l'Algérie doit l'opérer à son tour. Là est son avenir.

Mais, dira-t-on, le climat est toujours là avec ses sécheresses. Comment les atténuer ?

Rappelons, en quelques mots, les conditions essentielles du climat africain. Les pluies commencent en fin septembre, souvent même en novembre seulement ; elles durent de novembre à fin mars. Les ondées qui tombent parfois en avril et en mai sont presque toujours insignifiantes. De mai à septembre, absence complète de pluies. Même, durant la saison des pluies, l'eau ne tombe pas d'une façon régulière, et l'on constate souvent au milieu de l'hiver des sécheresses de un ou deux mois, sécheresses qui font jaunir les plantes qui n'ont pas enfoncé suffisamment leurs racines dans le sol.

Au moment où il pleut, en novembre, la température moyenne, encore très élevée, permet à la végétation herbacée de se développer. Ce développement se continue en décembre dont la température moyenne est de 12 à 14 degrés. Janvier étant froid, 10° en moyenne, la végétation s'arrête pour reprendre en février. Durant tout l'hiver, la plante se développe et sa croissance n'est interrompue que pendant un mois ou un mois et demi au plus. Si les pluies commencent de bonne heure, les graines ont vite germé, et dans les premiers jours de décembre la verdure couvre le sol ; si elles tardent, la chaleur n'est plus assez puissante pour amener le développement rapide de la plante qui ne reprend sa croissance que dans les premières journées chaudes de février.

Cette abondance et cette irrégularité dans les pluies jouent un très grand rôle dans la culture algérienne. C'est donc contre cet ennemi terrible : la sécheresse, qu'a à lutter le cultivateur algérien : sécheresse d'hiver, sécheresse d'été. Comment le combattre ? Le premier moyen, c'est par la fumure au maximum du sol. Il faut tenir à la disposition de la plante les éléments assimilables que feront pénétrer dans ses tissus les eaux de pluie que le ciel lui enverra. Il est prouvé qu'une plante bien fumée absorbe une quantité moindre d'eau pour se constituer et se développer.

D'autre part, l'humus ou matière organique décomposée, absorbe quatre fois plus d'eau que la terre arable ordinaire et la retient aussi plus énergiquement que celle-ci. Viennent les sécheresses d'avril et de mai, la plante résistera d'une manière satisfaisante, et les éléments constitutifs du grain passeront facilement de la tige dans les épis.

C'est donc au fumier de ferme, riche en humus, et non aux sels chimiques, que le colon africain doit demander les engrais qui préserveront ses plantes des effets nuisibles des sécheresses.

Les colons algériens commencent à comprendre cette vérité. Ils veulent augmenter leurs troupeaux, et pour cela aussi il leur faut augmenter leurs cultures fourragères.

Ces cultures fourragères n'ont pas encore pris de grands développements. Il ne faut pas compter sur les prairies naturelles qui produisent d'une manière très irrégulière. En beaucoup d'endroits, nos luzernes et nos sainfoins d'Europe n'ont pas donné de bons résultats. Il faut recourir à des légumineuses mieux adaptées au sol et au climat. La vesce, le fénugrec et le sulla végètent à merveille dans tous les sols bien fumés et ensemencés de bonne heure. Suivant l'avis d'hommes compétents, cette dernière légumineuse jouera un grand rôle dans la création des prairies artificielles. Certains agriculteurs ont remplacé avec succès les fourrages qui leur manquaient par des céréales, blé, avoine ou orge, fauchées en vert et fannées.

Avec de l'expérience et des essais sérieux, cette question des fourrages abondants dans l'Afrique du Nord sera résolue pour le grand profit des colons. Déjà des résultats sérieux peuvent être cités. M. Jules Saurin, auquel nous empruntons ces théories développées ci-dessus, a obtenu à la récolte de 1902, en Tunisie, une moyenne de vingt-deux quintaux de blé à l'hectare sur prairie artificielle retournée et superphosphatée.

LE TABAC

De toutes les plantes industrielles, c'est le tabac qui occupe la place la plus importante en Algérie, car on y cultive annuellement 7,000 hectares, dont 5 à 6,000 dans le département d'Alger. La production oscille autour du chiffre de 4 millions de kilogrammes.

Les variétés de tabacs cultivées par les Européens sont celles à grand rendement. Les indigènes préfèrent une qualité supérieure à la quantité ; ils ne cultivent que les meilleures sortes, sans irrigation. Aussi, les tabacs kabyles se paient 120 francs et plus le quintal. La régie achète annuellement 3 millions de kilogs. La production ne suffit pas à son commerce d'exportation et à ses manufactures : l'activité des colons pourrait donc s'exercer avantageusement de ce côté.

L'OLIVIER

La culture de l'olivier a, en Algérie, une importance considérable, surtout pour la population kabyle.

Les immigrants européens, particulièrement les Provençaux, y ont importé les variétés de leur pays d'origine, qu'ils ont multipliées dans les plaines du littoral et dans les régions arrosées par les rivières sortant de l'Atlas. Les principaux centres de production européenne sont : Saint-Denis-du-Sig, Cherchell, Tlemcen, Mascara, Bel-Abbès, etc. Mais c'est la Kabylie qui est de beaucoup la région oléïfère la plus importante, avec ses deux grands marchés à huile : Bougie et Tizi-Ouzou.

L'Algérie exporte annuellement une moyenne de 1,600,000 kilogrammes d'huile d'olives et elle importe 8,478,000 kilogrammes d'huiles pures, y compris l'huile d'olives.

Il est assez difficile de préciser l'importance de la production de l'huile d'olives en Algérie, les statistiques officielles ne donnant que des chiffres très discutables. En 1896, on comptait 6,262,000 oliviers greffés. Si on attribue à chaque olivier un rendement moyen de 5 litres, on arrive à un total de 313.100 hectolitres, d'une valeur d'environ 21,917,000 francs.

LE FIGUIER

Après l'olivier, le figuier joue un rôle très important dans l'alimentation de l'indigène. C'est surtout en Kabylie qu'il est cultivé sur des étendues toujours plus grandes, car chaque année le Kabyle plante de nouveaux vergers sur des terres jusque-là incultes.

C'est grâce à l'olivier et au figuier que la population indigène a pu atteindre une telle densité (1 habitant 1/2 à 2 habitants par hectare). Aussi, ces deux arbres viendraient-ils à disparaître que la population en serait réduite de deux tiers.

Pendant deux mois et demi, du 15 août à fin octobre, la figue fraîche entre dans l'alimentation humaine pour la plus grande part ; sèche, elle constitue une réserve d'une haute valeur. On estime qu'une famille de six personnes consomme annuellement 700 kilogrammes de figues sèches.

Les arrondissements de Tizi-Ouzou et Bougie en expédient annuellement une moyenne de 260,000 quintaux. Cette production s'élève à la somme de 5 à 7 millions de francs.

Citons encore le palmier-dattier, l'oranger, le caroubier.

Les légumes : petits pois, haricots verts, artichauts et pommes de terre, entrent dans le commerce d'exportations pour 1,500,000 francs, chiffre déjà respectable qui tend encore à s'augmenter.

La Viticulture en Algérie

La viticulture est une grande source de richesses pour l'Algérie, et à ce titre il convient d'en donner une étude spéciale.

Le Nord de l'Afrique a produit à diverses époques des vins réputés. Dans l'antiquité, sous la domination romaine, le vin fourni par l'Afrique, à titre d'impôt, était réservé pour les hauts fonctionnaires de Rome.

Pendant toute la domination musulmane, la vigne n'a pas disparu de l'Afrique ; les indigènes ne cessèrent de la cultiver, non pour le vin, mais pour le fruit, et lors de l'occupation française, on a retrouvé de nombreuses vieilles vignes composées de souches de toute nature : raisins blancs, rosés, noirs, etc., le tout mêlé.

Pendant les vingt premières années de l'occupation française, les essais de viticulture ont été insignifiants. L'abondance des vins français et le bas prix auquel on pouvait se les procurer, ainsi que l'insécurité des colons, expliquent cette abstention.

Cependant, en présence des besoins de la population d'origine européenne toujours croissante, en présence des frais onéreux de transport pour les vins de France, les colons commencèrent à planter d'abord timidement, puis avec plus d'assurance.

Bien que le climat et le sol de l'Algérie se prêtent admirablement à la culture de la vigne, il y eut dès le début beaucoup de tâtonnements, et les efforts ne furent pas toujours couronnés de succès par suite du manque de connaissances sur le choix des cépages et sur la vinification.

Enfin, après une première période d'hésitation, les plantations prennent un essor extraordinaire. Ce développement a surtout commencé il y a vingt-cinq ans, sous la surélévation du prix des vins par suite de la destruction du vignoble français par le phylloxéra.

Depuis cette époque, le vignoble algérien n'a pas cessé de s'accroître d'une manière continue. Pendant cette période de vingt-cinq ans, les capitaux et les colons, attirés par les bénéfices réalisés par les premiers viticulteurs, ont afflué dans la colonie. De 1879 à 1899, l'étendue du vignoble algérien est passée de 20,000 hectares à 138,497 hectares, soit une augmentation de 119,000 hectares en vingt ans.

Ces 138,000 hectares en 1899 ont donné 4,648,700 hectolitres de vin. Si à cette superficie plantée en vigne par les colons, on ajoute celle du vignoble indigène d'environ 120,000 hectares et produisant des raisins consommés sur place à l'état frais et susceptibles de donner un rendement de 5 à 6 millions d'hectolitres de vin, on arrive à trouver que le vignoble algérien s'étend sur une superficie d'environ 300,000 hectares pouvant donner annuellement 10 millions d'hectolitres de vin.

Si à la production européenne de 4,648,000 hectolitres on applique le prix moyen de 15 francs l'hectolitre, on arrive au chiffre de 69 millions de francs. On voit par ce chiffre quelle importance a prise en Algérie la culture de la vigne.

Mais depuis quelques années les conditions économiques de la viticulture algérienne se sont modifiées ; les vignes de la métropole sont en grande partie reconstituées. Il en est résulté pour les vins un écoulement difficile et comme conséquence une baisse sensible de prix. D'autre part, l'invasion phylloxérique s'est considérablement étendue dans les départements d'Oran et de Constantine. Malgré cela, la culture de la vigne en Algérie, sans laisser aux colons les mêmes bénéfices extraordinaires d'il y a dix et vingt ans, peut encore, si elle est faite dans de bonnes conditions, c'est-à-dire en bon terrain et avec des cépages fournissant un vin riche en couleur et en alcool et de bon goût, donner à ceux qui s'y livrent des bénéfices suffisants et dans beaucoup de cas supérieurs aux bénéfices que peut donner la culture des céréales.

La vigne est cultivée dans tout le Tell, où il existe très peu d'exploitations sans qu'on n'y ait joint un vignoble assez important.

On comprend qu'une région aussi variée d'altitude et de climat que le Tell doit produire des vins de tout genre, suivant les cépages, l'exposition et le terrain. Aussi en Algérie la gamme des vins est-elle très étendue.

Malheureusement pour notre colonie, on connaît

mal ses vins en France. Sous la dénomination de « vins d'Algérie », le commerce a longtemps fourni aux consommateurs des vins d'origine quelconque ; et l'on comprend les efforts faits depuis plusieurs années par les viticulteurs algériens pour faire connaître et apprécier leurs produits.

Les vins de coteaux surtout sont supérieurs.

Notre but n'est pas de faire ou de donner ici une classification des vins d'Algérie. Tout ce que nous pouvons dire, c'est que l'Algérie peut aborder toutes les catégories de vins récoltés en France et à l'étranger : vins blancs, vins rouges, vins de liqueur, vins ordinaires de grande consommation et vins fins.

A l'origine, les vignerons d'Algérie, venus de toutes les régions viticoles de la France, ont apporté avec eux les plants de leur pays. Mais ce sont surtout les cépages du Midi de la France et de l'Espagne qui dominent dans les plantations algériennes.

Parmi les cépages rouges, ceux qui l'emportent par le nombre sont les plants les plus fins du vignoble méridional : *le Carignan, le Mourvèdre, l'Alicante, le Morastel, le Cinsault,* etc.

L'Aramon entre aussi dans la composition de la plupart des vignobles et fournit un vin plus alcoolique que dans le Midi de la France, mais avec des rendements moins considérables.

Les plants à jus rouge comme *le Petit-Bouschet* sont aussi cultivés. Les cépages blancs sont moins nombreux. On y trouve *la Clairette, l'Ugny-Blanc* et les cépages indigènes *Farrana* et *Aïn-Kelb.*

Enfin, on rencontre les fins cépages de France, les plants nobles : *le Cabernet*, *le Sauvignon*, *le Pinot*, *le Gamays*, *le Muscat*, etc.

Tous ces cépages ne sont localisés ni dans une région, ni dans une exploitation. Ils sont cultivés un peu partout, et il n'est pas rare de trouver sur la même propriété cinq ou six cépages différents. C'est, comme on le voit, la cause de cette variété si grande de vins en Algérie.

La plantation des vignes en Algérie se fait à la barre, en terrain bien défoncé, afin de mettre le vignoble pour l'avenir à l'abri des trop grandes sécheresses. Les boutures sont plantées debout et enfoncées de 30 à 40 centimètres. On compte généralement 5,000 ceps à l'hectare. Quelques plantations sont encore plus espacées.

La taille la plus pratique est la taille en goblet. Quelques essais de longue taille sur fil de fer ou de taille en chaintre ont donné de bons résultats.

Le grand fléau de la vigne en Algérie, et dont on ne peut se défendre, c'est la grande sécheresse et surtout le vent brûlant du désert ou le *siroco*, qui fait monter le thermomètre parfois jusqu'à + 45° à l'ombre. Si ce siroco survient avant ou pendant la véraison, les grappes se dessèchent et grillent. S'il survient quelques jours avant la vendange, il enlève aux grappes leur excès d'eau, le vin en est meilleur, son degré d'alcool est supérieur.

Le vignoble algérien est sujet aux mêmes maladies cryptogamiques que le vignoble français : c'est l'oïdium, le mildew, l'anthracnose, etc. Les colons, avec des soins et des traitements préventifs, en ont facilement raison.

A la vendange, les raisins transportés au cellier sont écrasés, avec ou sans égrappage, sur les cuves pour y subir la fermentation ; et si cette manipulation a lieu sur un point unique, la conduite du produit vers les cuves se fait au moyen d'instruments appropriés, ascenseurs ou transporteurs. Généralement, une machine à vapeur actionne les fouloirs et les transporteurs. Cette machine est encore d'une grande utilité quand il s'agit de tirer l'eau nécessaire à la réfrigération des moûts.

Depuis une dizaine d'années, la vinification en Algérie s'est complètement transformée. Au lieu de laisser fermenter les moûts dans des foudres en bois qui servaient ensuite pour loger le vin, on utilise maintenant les cuves en ciment armé pour la fermentation, et on se sert d'immenses amphores également en ciment armé et revêtues d'une couche de verre à l'intérieur pour loger le vin. Mais les progrès de la vinification ont surtout eu pour objet la fermentation des moûts.

Le grand défaut de la fermentation des moûts dans les pays chauds, et particulièrement en Algérie, est le développement de la chaleur dans les cuves pendant le bouillage. Quand cette chaleur dépasse + 40 degrés, les ferments commencent à devenir moins actifs et ne tardent pas à être paralysés. Alors la fermentation s'arrête complètement pour ne plus reprendre et le vin conserve du sucre qui ne peut plus être transformé en alcool. D'où nécessité pour une bonne fermentation d'empêcher la température du moût de la cuve de dépasser 40 degrés. Et on y arrive au moyen des réfrigérants. Ces réfrigérants se composent généralement d'un système de tubes superposés et communiquant entre eux, dans lesquels on fait passer le moût liquide. Un jet continuel d'eau froide tombe sur les tubes et y refroidit le moût à son passage.

La fermentation des cuves est donc surveillée avec soin au moyen d'un thermomètre qui est sans cesse immergé dans le moût. Quand la chaleur y atteint de 35 à 38°, il est temps de refroidir ; alors on ouvre le robinet du bas de la cuve, le liquide par un tuyau passe dans le réfrigérant, puis une pompe le remonte dans la cuve où il est réparti régulièrement sur toute la masse. Sorti de la cuve à 38°, il y revient à 22 ou 25°. L'opération dure au moins cinq heures. Après ce travail, le sucre est presque transformé en alcool, et la fermentation peut être abandonnée à elle-même.

C'est sur la réfrigération des moûts qu'est maintenant basée la méthode de vinification de l'Algérie et de la Tunisie. C'est à cette méthode, applicable dans tous les pays chauds, qu'on doit d'obtenir des vins ayant fermenté régulièrement et d'une conservation assurée.

Production animale de l'Algérie

Sans avoir l'importance de la production végétale, la production animale de l'Algérie, c'est-à-dire l'élevage, permet de mettre en valeur de grandes étendues de terrains, surtout dans les Hauts-Plateaux réservés spécialement aux moutons.

Les Européens se livrent peu en Algérie à l'élevage qui est le monopole de l'indigène, ils n'achètent le plus souvent que des animaux tout élevés qu'ils engraissent en vue de l'exportation et de l'approvisionnement des grands centres de consommation de l'Algérie.

Le colon, en effet, trouve plus avantageux de faire consommer ses herbages et ses fourrages par des animaux tout élevés, prêts à se les assimiler, opération qui demande au plus sept à huit mois, que de se livrer lui-même à l'élevage et d'entrer ainsi en concurrence avec l'indigène. Il ne se livre à l'élevage qu'exception-nellement, là où l'abondance des fourrages se joint à la régularité de la production et où, par suite, on peut avec succès entreprendre l'amélioration de l'espèce indigène par des types d'un rendement supérieur en viande.

ESPÈCE OVINE

On compte en Algérie une moyenne de 351,000 moutons chez les Européens et de 7,847,000 chez les indigènes.

Les Européens ne se livrent qu'à l'engraissement du mouton. À l'automne, époque où cessent les exportations du mouton, ils achètent, au prix moyen de 15 francs par tête, des moutons de dix-huit mois à deux ans. Pendant l'hiver et au printemps ces animaux sont engraissés dans les pâturages du Tell, et dès le mois de mai ils sont bons à livrer à la consommation. Ils sont alors vendus en primeurs, avant que ne commencent les exportations des moutons indigènes, et bénéficient d'un prix de vente avantageux.

D'un poids moyen de 20 kilogs, ils sont exportés et vendus à Marseille à des prix variant de 1 fr. 25 à 1 fr. 50 le kilog net.

Pour ne pas être en perte, il faut obtenir au minimum un prix de vente de 20 francs.

L'expédition des moutons précoces des Européens est suivie de celle des moutons indigènes qui se continue jusqu'en septembre. Annuellement, l'Algérie exporte une moyenne de 1,043,000 moutons, et malgré cette exportation considérable de moutons d'Algérie, la France est encore tributaire de l'étranger pour son approvisionnement.

A l'exportation, il faut joindre la consommation locale qui est considérable et qui peut être évaluée à 1,500,000 moutons. C'est donc près de 3 millions de moutons qui entrent annuellement dans la consommation. Si on les estime à un prix moyen de 12 francs, on voit que le produit de la viande du mouton peut s'élever à 36 millions de francs.

On doit ajouter à cette somme la valeur de la laine qui peut être estimée à plus de 5 millions. Le troupeau ovin donne donc annuellement à l'Algérie un revenu moyen de plus de 40 millions.

ESPÈCE CAPRINE

La chèvre joue un rôle considérable dans l'économie

rurale indigène, car elle permet de tirer parti des pacages en terrains accidentés, des massifs de mauvaises broussailles où le bœuf et le mouton ne sauraient réussir.

Cet animal est cependant dangereux pour toutes les plantations où il broute les jeunes tiges. Pour en diminuer le nombre au profit des moutons qui eux sont sans danger pour les forêts, l'impôt a été élevé à 0 fr. 25 par tête pour les chèvres, tandis qu'il est resté au chiffre de 0 fr. 20 pour le mouton.

Les indigènes possèdent en moyenne 3,568,000 chèvres et les Européens 72,000.

Les chèvres appartenant aux Européens, de race maltaise aux environs d'Alger et de race espagnole près d'Oran, sont entretenues presque constamment à l'étable, et, bien nourries, elles donnent du lait en abondance. Les chèvres de race indigène sont peu laitières et sont élevées plutôt pour la viande, la peau et le poil.

On estime que la production annuelle de la chèvre peut valoir approximativement 16 millions de francs.

ESPÈCE BOVINE

La population bovine chez les Européens compte un effectif moyen de 138,000 têtes valant 11,000,000 de francs, et chez les indigènes un effectif de 1,000,000 de têtes valant 50,000,000 de francs. Au total, elle représente un capital d'une valeur de 61,000,000 de francs.

L'Algérie expédie annuellement, presque exclusivement à destination de la France, environ 25,000 bœufs valant de 3 millions 1/2 à 6 millions. Si à ce chiffre on ajoute la valeur des bêtes consommées sur place et les produits de la laiterie, on arrive au total de 20 millions de francs comme revenu annuel du cheptel bovin.

ESPÈCE CHEVALINE

La population chevaline de l'Algérie appartient presque exclusivement à la race désignée sous le nom de race africaine, dont le cheval barbe ou berbère en est le vrai type. Ce cheval barbe est un animal de haute valeur : il appartient au type léger de cavalerie dont il est l'un des représentants les plus solides et les plus endurants ; il peut être employé aussi comme bête de trait léger. Dans ses diverses affectations comme bête de selle, de trait léger, de bât, il unit des qualités de force, de vigueur et de rusticité à une sobriété à toute épreuve.

On compte un effectif moyen de chevaux chez l'Européen de 41,564 têtes et chez l'indigène de 169,690 têtes.

On estime la production annuelle de chevaux à 20,000 poulains et pouliches. En éliminant 10,000 pouliches dont les indigènes ne se défont généralement pas, il reste 10,000 poulains dont un tiers environ est susceptible de faire des chevaux de remonte.

Ces chevaux de remonte, à quatre ans, sont payés par l'État de 400 à 650 francs ; mais les achats ne portent guère annuellement que sur 1,700 têtes.

A part quelques rares Européens qui se livrent à l'élève du cheval barbe, beaucoup plus par amour du cheval que pour les bénéfices qu'ils en retirent, l'industrie chevaline doit être considérée comme se trouvant toute entière entre les mains des indigènes.

Depuis quelques années, à cause des plus grands bénéfices qu'ils y trouvent, les éleveurs tendent de plus en plus à produire des mulets.

On compte aujourd'hui chez les Européens 26,888 mules et mulets, et chez les indigènes leur nombre s'élève à 119,517. Les mulets sont employés comme bêtes de bât et de trait ; ils rendent de grands services à l'agriculture pour tous les travaux des champs et des charrois ; comme animaux de bât, ils sont hors pair pour le transport des récoltes et des denrées de toutes sortes dans les régions montagneuses dépourvues de routes carossables.

Le mulet est le produit de la jument barbe et de l'âne du pays. Ce produit est sobre, rustique, résistant, et bien supérieur au mulet d'importation quoique ayant moins de poids. Les ânes servant d'étalons atteignent le prix de 400 francs. Les plus beaux mulets algériens ont une taille de 1 m. 45 à 1 m. 50.

L'Arabe est à peu près le seul à faire l'élevage du mulet.

ESPÈCE ASINE

L'âne d'Algérie est petit ; sa taille varie de 0 m. 90 à 1 m. 25 ; il est précieux comme animal de bât. Il faut le voir à l'œuvre pour apprécier les services qu'il rend.

L'Indigène s'en sert pour des transports de grains, d'eau, de fruits, etc. L'Européen l'emploie pour des terrassements et tous les travaux de construction. On compte en Algérie un effectif moyen de plus de 280,000 têtes.

Le chameau joue un très grand rôle en Algérie, surtout dans le Sud, où il est souvent l'unique moyen de transport. Pendant l'été des troupeaux entiers de chameaux remontent vers le Nord, dans le Tell, pour y faire les transports surtout de grains. L'effectif moyen des chameaux s'élève à près de 240,000.

L'Industrie en Algérie

Malgré le bas prix de la main-d'œuvre, l'industrie européenne n'a pas encore pris un grand développement en Algérie, à cause du prix relativement élevé de la houille qu'on est obligé d'importer en totalité de l'étranger. On n'a pas, en effet, trouvé de combustible utilisable dans toute l'étendue de la colonie. On a cependant découvert, il y a peu d'années, des gisements de pétrole ; ils sont reconnus exploitables et ils constitueront une nouvelle richesse qui pourra venir en aide à certaines industries locales.

En Algérie, comme dans tous les pays de colonisation, c'est par l'industrie du bâtiment et les constructions mécaniques que l'industrie européenne a débuté. L'ameublement, l'imprimerie, la carosserie, ont suivi. Depuis, l'Algérie étant devenue un des principaux pays viticoles du monde, la tonnellerie s'y est développée. Plusieurs minoteries et distilleries s'y sont installées Des huileries fonctionnent en Kabylie.

LE LIÈGE

L'Algérie possède plus de 3.000,000 d'hectares de forêts dont 15,000 hectares peuplés de chênes-lièges ; le démasclage, c'est-à-dire l'arrachage de l'écorce des arbres, le visage, c'est-à-dire la préparation du liège arraché, occupent un grand nombre d'ouvriers, notamment dans la province de Constantine, aux environs de Bône et de Jemmapes. Sur quelques points se sont établies des fabriques de bouchons.

L'ALFA

Un autre produit naturel du sol, l'alfa, donne lieu par sa cueillette à de grandes entreprises industrielles. 199 chantiers étaient répartis en 1894 sur une superficie exploitée de plus d'un million d'hectares, situés pour la plupart dans la province d'Oran. Depuis cette époque, le chiffre, de ces chantiers a augmenté. La récolte de l'alfa dépasse généralement un million de quintaux. Sur ce chiffre une petite quantité est dirigée sur la France pour servir de matière première à la sparterie, et la plus forte est exportée en Angleterre, où on la transforme en pâte à papier.

Mais l'industrie la plus importante de l'Algérie, bien qu'elle soit loin d'avoir acquis tout le développement dont elle est susceptible, est l'industrie minière.

LES MINES

Il existe un grand nombre de gisements métallifères dans la colonie : cinquante-et-un étaient concédés en 1894, sur lesquels dix-sept seulement étaient en exploitation et occupaient 1,200 ouvriers. On extrait de ces mines surtout du fer, mais aussi du plomb, du mercure, de l'antimoine et surtout de la calamine.

En 1895, les mines de Béni-Saf, qui ne figuraient pas sur la liste dressée en 1894, avaient plus de 600 ouvriers. Elles contiennent plus de 8 millions de tonnes de minerai de fer reconnu et sont concédées à la Société de Mokta-el-Hadid. Elles s'exploitent à ciel ouvert, dans de profondes galeries percées comme des chemins creux entre de longues murailles de métal. La production de cette mine a été dans ces dernières années de 263,000 tonnes par an.

Les mines de fer d'Aïn-Mokra, également propriété de la Compagnie du Mokta, exportent plus de 300,000 tonnes par an. Pour l'écoulement du minerai vers le port de Bône, elles ont nécessité la construction d'un chemin de fer de 32 kilomètres, qui a été ouvert au trafic public et qui va être relié à la ligne de Philippeville à Constantine. A Filfila, près de Philippeville, il existe des carrières de beau marbre blanc.

Dans la région de Tébessa, les gisements de phosphate de chaux sont d'une importance telle que si des difficultés d'ordre administratif ou politique n'entravent pas plus longtemps leur exploitation, on peut dire que leur valeur compenserait, à elle seule, les frais de la conquête de l'Algérie. L'exploitation de ces phosphates fournit annuellement près de 230,000 tonnes. Le port de Bône est sans cesse occupé par les vaisseaux qu'on charge de calamine, de minerai de fer ou de phosphates.

LA PÊCHE

L'industrie de la pêche est florissante sur le littoral de l'Algérie. Des usines pour la préparation des sardines ont été créées à Stora et à La Calle. Cette dernière ville est le port principal des pêcheurs de corail.

Il serait injuste de ne pas mentionner d'autres industries encore naissantes : l'industrie des tapis et des étoffes algériennes, qui occupent plusieurs milliers d'ouvriers ; l'industrie des tissus de coton qui, outre ce qu'elle fournit à la consommation intérieure, a exporté en 1900 pour 8,850,000 francs.

Commerce de l'Algérie

La vie économique de l'Algérie s'exprime assez clairement par les chiffres de son commerce qui atteint près de 600 millions : exactement en 1901, 580,538,000 francs ; soit en importations 318,593,000 francs et en exportations 261,945,000 francs.

C'est un chiffre déjà important pour une colonie de cet âge. Il est supérieur à celui de plusieurs États d'Europe : la Grèce, 230 millions ; le Portugal, 375 millions ; la Norwége, 535 millions ; la Roumanie, 580 millions ; il est sensiblement égal à celui de l'Egypte, 585 millions.

La part de la France dans le commerce de l'Algérie est d'environ les trois quarts, soit de 450 millions, dont 225 millions à l'importation et autant à l'exportation. L'Algérie occupe le cinquième rang parmi les pays qui sont en relations commerciales avec la France, immédiatement après l'Angleterre, la Belgique, les Etats-Unis et l'Allemagne ; elle devance de beaucoup l'Espagne, la Suisse et l'Italie.

Le mouvement d'accroissement du commerce de notre colonie s'est développé très rapidement.

En 1831, le total des transactions était un peu inférieur à 7 millions de francs. Jusqu'en 1850, le développement du commerce extérieur fut paralysé par des droits de douane qui frappaient l'entrée en France des produits algériens. Aussitôt ces droits supprimés en 1851, le commerce extérieur prit un essor extraordinaire. Il passa, en 1864, à 245 millions.

La valeur des marchandises exportées décupla dans cet espace de treize ans : de 10 millions elle passa à 108.

En 1872, à l'époque où s'établissait le régime civil, et où on commençait le grand effort de la colonisation, le total des transactions atteignit 360 millions. Dix-huit ans après, en 1890, il s'élevait à 545 millions et, en 1898, il atteignait le chiffre de 606 millions.

Les principaux articles de l'exportation algérienne sont des produits agricoles qui prennent presque en totalité le chemin de la France · 3,391,000 hectolitres de vin valant 115,589,000 francs en 1897 ; 2,940,000 quintaux de céréales valant 54 millions et demi en 1895, et la même année 1,255,000 têtes de bétail valant près de 65 millions et demi. En 1896, 5 millions de kilogrammes de laine, valant 8 millions de francs ; 2,367,000 kilogs de peaux valant 7,300,000 francs ; 22 millions et demi de kilogrammes de fruits de table valant près de 5 millions de francs, et plus de 8 millions de kilogrammes de légumes frais valant 2,700,000 francs.

Il faut mentionner encore 15,000 hectolitres d'eau-de-vie et liqueurs valant près de 1,200,000 francs, 1,500,000 francs de poissons frais ou préparés, 7,000,000 de francs d'alfa, 6,700,000 francs de minerai, 2,500,000 francs de liège, 2,500,000 francs de tabac, 280,000 fr. de phosphates, 1,500,000 francs de crin végétal.

Les principaux articles qui figurent au commerce d'importation, ce sont les tissus de coton qui y entrent pour 30 millions de francs et viennent de France ; après eux, il faut mentionner les vêtements confectionnés pour 13 millions, les meubles pour 11 millions, les outils et ouvrages en métaux pour 10 millions, les machines et mécaniques pour près de 8 millions, le sucre pour près de 5 millions : le tout uniquement de la France. Le café vient pour 6,300,000 francs des entrepôts de France et pour 6 millions de l'étranger.

Les trois quarts des transactions algériennes ont la France pour origine et pour destination. Après la métropole, le pays qui entretient avec notre colonie les relations les plus considérables est l'Angleterre, avec

26,700,000 francs en 1898, consistent principalement en houille, en alfa, en phosphates et en minerais. Après elle vient le Maroc avec 18 millions de francs (bœufs, moutons, sucre, tabac, etc.), la Tunisie avec 11 millions (céréales, bestiaux, minerais, vêtements indigènes, etc.), et l'Espagne avec 10 millions (fruits, tissus de coton, vin, céréales, etc.) A part l'Angleterre, les seuls pays qui entretiennent avec l'Algérie un commerce de quelque importance sont donc ses voisins immédiats.

L'Algérie et la France

Après avoir exposé les richesses culturales de l'Algérie et le développement merveilleux de son industrie et de son commerce, on se demande comment peut encore tenir debout ce lieu commun qui circule au sujet de notre colonie : « L'Algérie, dit-on, ne nous rapporte rien ; l'Algérie coûte à la France. »

M. Gabriel Hanotaux, dans son ouvrage : *« L'Energie française »*, répond avec feu et de main de maître à cette objection. Nous ne pouvons que transcrire sa réfutation ; la résumer serait la déparer.

« Admirons d'abord, dit-il, la simplicité du propos : « L'Algérie ne rapporte rien. » Qu'est-ce que cela veut dire ? Sommes-nous donc à l'égard de nos colonies dans la situation d'un propriétaire à l'égard de son fermier, et ne devons-nous les considérer que comme des terres à exploiter, qui doivent mettre un revenu en écus sonnants dans la poche de chaque contribuable français ? Je demande alors quelle est la colonie du monde qui — dans ce sens — ait rapporté ou rapporte à la mère-patrie. Quel est le citoyen grec ou romain, dans l'antiquité, quel est le citoyen anglais ou hollandais, aujourd'hui, qui ait touché une prébende annuelle du fait de l'annexion de telle ou telle colonie ?

« S'il s'agit de l'enrichissement individuel du colon qui va sur les lieux, alors c'est une autre affaire ; s'il s'agit de la fortune des fonctionnaires qui sont envoyés dans le pays pour le gouverner, c'est une autre affaire encore ; s'il s'agit du bénéfice que produit le commerce général ou particulier, c'est encore une autre affaire.

« Mais alors les chiffres qui viennent d'être cités prouvent que l'Algérie « *rapporte* ». Je pose à ces économistes remarquables la question suivante : Qu'est-ce que la France rapporte à la France ? Précisons encore : la Corse, les Basses-Alpes, les Pyrénées-Orientales sont des départements qui paient une quote-part d'impôts très inférieure à la moyenne. Pourtant est-il question de demander combien nous rapporte la Corse, combien nous rapportent les Basses-Alpes, combien nous rapportent les Pyrénées-Orientales ? Dites-moi, s'il vous plaît, combien vous rapportent les vieillards, combien vous rapportent les femmes et les enfants ? Et à vous, combien vous rapporte votre doigt ? Combien vaut votre bras ? Combien un enfant rapporte-t-il à sa mère ? Toutes questions absurdes, n'est-ce pas ? Pas plus absurdes cependant que celle-ci : « Combien nous rapportent nos colonies ? » Car je ne vois aucun moyen de distinguer cette question de l'autre question identique : combien nous rapportent la Corse, les Basses-Alpes, etc.

« On ne va pas chercher sur un terrain nouveau, quel qu'il soit, un gain matériel, mais un accroissement d'influence.

« Si, en plus, il y a un gain matériel, — et c'est ce qui se produit le plus souvent, — tant mieux ; mais le bénéfice réel, c'est l'extension de l'autorité publique, de la langue, de la civilisation, de la communauté, de la patrie.

« En 1830, l'Algérie faisait un commerce de *8 millions de francs*. En 1900. elle fait un commerce de *600 millions de francs*. Le voilà, le bénéfice matériel. Nous avons développé, sur la terre nue, une source de richesses nouvelles, ou, si l'on veut, une succursale de la métropole, qui fait un chiffre d'affaires — rien qu'en commerce extérieur — de 600 millions de francs. Avez-vous calculé ce que, commercialement parlant, — puisque ce langage vous convient, — vaut cette succursale ? Dans le commerce de la France, l'Algérie figure comme cliente, à la vente et à l'achat, pour 400 millions de francs annuels. Combien vaut cette clientèle ?

« Et, en plus, est-ce trop dire que le chiffre d'affaires intérieures, qui se fait, pour la plus grande partie, par des mains françaises, dépasserait de beaucoup le milliard ? Calculez maintenant.

« Voyons par contre ce que la France dépense annuellement pour l'Algérie. Les dépenses totales de l'Algérie sont portées, au budget de 1900, pour une somme totale de **72 millions de francs** (le chiffre exact prévu au budget est de 71,053,824 ; mais il faut tenir compte des crédits ouverts en cours d'exercice), dont 20,031,000 francs pour les garanties d'intérêts des chemins de fer. Or les recettes provenant des impôts touchés en territoire algérien ont produit, durant la même année, plus de 60 millions de francs. La métropole doit donc intervenir pour la différence existant entre 72 millions et 60 millions.

« Il s'agit d'une subvention annuelle de 12 millions de francs que la mère-patrie accorde en ce moment à la colonie. Hier, il est vrai, elle était de 20 millions environ, et j'accepte ce chiffre qui équivaut à peu près à la somme versée pour la garantie d'intérêts aux Compagnies de chemin de fer. Il est juste d'observer, tout au moins, que cette somme a pour contre-partie les bénéfices éventuels de l'exploitation, la valeur des lignes, la plus-value générale que ces lignes donnent à la colonie, et enfin l'avantage stratégique que la mère-patrie tire de l'existence de son réseau de chemins de fer dans tout le nord de l'Afrique algérienne et tunisienne. Voilà donc ce que l'Algérie *coûte* à la France.

« Que la colonie puisse être plus prospère, d'accord ; qu'elle doive et puisse s'enrichir chaque jour davantage, d'accord ; qu'elle enrichisse de plus en plus les colons français qui s'y installent, d'accord ; qu'elle paie les fonctionnaires que nous lui envoyons pour l'administrer, d'accord ; qu'elle représente, dans l'ensemble de l'État français, un appoint de plus en plus riche et de plus en plus prospère, d'accord ; qu'elle s'éloigne le plus possible de la Corse ou des Basses-

Alpes pour se rapprocher le plus possible des Flandres et de la Normandie, d'accord, d'accord ; qu'Alger dépasse Le Havre et Marseille ; que le vignoble algérien dépasse ceux de la Bourgogne et du Bordelais ; que les mines de phosphates d'Algérie enrichissent nos plaines, et que ses puits à pétrole allument nos lampes, d'accord. encore une fois. Mais, pour Dieu, qu'on renonce à cette rangaine : Qu'est-ce que l'Algérie nous rapporte ?

« Elle nous rapporte ceci : qu'il y a au monde une *France* de plus. Elle nous rapporte ceci : qu'on parle le français à Figuig, par 35 degrés au nord de l'Equateur. Et elle nous rapporte encore ceci : qu'en 1870, il y avait des turcos qui se battaient pour nous à Reischoffen, et qu'en 1896 il y avait des tirailleurs algériens qui s'emparaient, pour nous, de Tananarive.

« Les intérêts économiques ne sont donc pas tout. »

Colonisation de l'Algérie

C'est par l'acquisition de l'Algérie que notre pays a débuté dans la carrière coloniale qui s'ouvre devant lui. Ce ne fut pas avec le propos arrêté de fonder une colonie qu'il commença l'entreprise algérienne ; une circonstance fortuite l'y lança malgré lui, et il semble que les événements, beaucoup plus que la volonté des hommes, l'entraînèrent dans une conquête qui est à peine terminée.

Lorsque, en 1830, l'armée française débarqua en

Algérie, sa seule mission consistait à venger l'outrage infligé à notre consul par le dey d'Alger. Après la capitulation de ce dernier, la France comprit qu'elle devait à l'Europe la suppression de ce nid de pirates, en maintenant son occupation à Alger et dans les principaux ports d'Oran, Bougie, Bône. En France, en ce moment, on ne se sentait aucun goût pour une conquête coûteuse. Les uns demandaient l'évacuation, les autres l'occupation restreinte. Enfin, les circonstances imposèrent la conquête de tout le pays, quoiqu'il dût en coûter. La prise de Constantine en 1837 et celle d'Abd-del-Kader en 1847 étendirent la domination de la France de la mer au Sahara. La Kabylie fut soumise en 1857, et après l'insurrection de 1871 notre pays fut définitivement maître de l'Algérie. Quand on relit l'histoire de cette conquête, on comprend la justesse de cette réflexion de M. Paul Leroy-Beaulieu, que « si nous nous sommes fixés en Afrique, la cause en est moins au besoin de nous y établir qu'à la difficulté de nous en éloigner. »

Tandis que la conquête était issue d'une nécessité politique, la colonisation fut le résultat d'une nécessité économique : celle de tirer une utilité d'une acquisition que l'on estimait payer trop cher. C'est ce que pensait le maréchal Bugeaud qui exprimait ainsi ses opinions : « Le pays s'est engagé, disait-il, je dois le suivre. La conquête serait stérile sans la colonisation. Je serai donc colonisateur ardent. »

Ces idées de colonisation, bien peu de personnes les partageaient en France, parce que l'utilité même des colonies n'y était plus comprise. Ce ne fut qu'après la Révolution de 1848, qui porta au pouvoir plusieurs généraux d'Afrique, que l'idée que l'Algérie devait être une colonie entra enfin dans les esprits. Avant 1840, le Gouvernement n'avait rien fait pour les colons. Ce fut le maréchal Bugeaud qui, après cette époque, traça le premier programme de la colonisation algérienne. Le type qu'il conçut était le village militaire ou le « camp agricole », comme il l'appelait ; selon lui, la colonisation devait être l'œuvre de l'État qui, propriétaire de la terre, la ferait cultiver, et pour y fixer les cultivateurs, la leur distribuerait. C'est pour cela qu'il songea d'abord à utiliser la main-d'œuvre militaire. Il oublia que la colonisation pouvait se faire d'elle-même, par le libre effort de l'initiative individuelle, simplement secondée et encouragée par l'administration. Ce système donna il est vrai des résultats, mais inférieurs à ceux qu'on pouvait en attendre.

Aujourd'hui encore la base de la colonisation est toujours la création des villages par l'État et la concession gratuite des terres.

Voici les conditions et formalités à remplir pour obtenir une concession de terre : Il faut être Français d'origine européenne ou Européen naturalisé ; justifier que l'on possède un avoir d'au moins 5,000 francs ; produire un extrait du casier judiciaire ; s'engager à résider pendant cinq ans avec sa famille sur le terrain concédé ; formuler une demande sur papier timbré. Les colons ne peuvent choisir eux-mêmes la propriété où ils s'établiront ; ils doivent s'en remettre de ce soin à l'administration qui tient autant que possible compte de leurs aptitudes.

Ce système de concession gratuite a un grave inconvénient. On a souvent constaté que l'homme s'attache moins à ce qu'il a reçu gratuitement qu'à ce qu'il a payé de ses deniers ; aussi voit-on presque toujours en Algérie le concessionnaire se décourager plus facilement que l'acquéreur et abandonner sa concession au premier mécompte, tandis que son voisin qui a acheté sa terre lutte jusqu'à la dernière extrémité pour conserver son bien. En outre, le colon, dont l'État a facilité l'installation, est trop porté à croire que l'État doit encore le garantir contre toutes les chances défavorables ; il se considère alors trop facilement comme un fonctionnaire que l'État a chargé de faire de l'agriculture pour le compte de la colonie, et non plus comme un homme dont tout l'avenir dépend de la bonne venue de ses plantations.

La colonisation procédant par création de villages, les fermes isolées sont rares en Algérie. Depuis 1871, sur 8,308 lots agricoles concédés, il n'y a que 654 lots de fermes. L'inconvénient de se défendre en commun, qui existait autrefois, n'existe plus aujourd'hui depuis la pacification. On devrait donc laisser maintenant plus de liberté aux colons pour s'établir sur la partie de leur domaine qui leur paraît la plus convenable.

Le plus grave reproche que l'on puisse adresser au système algérien de colonisation, c'est qu'il est extrêmement coûteux. On a calculé que l'établissement d'une famille française sur un lot de colonisation revient à la somme énorme de 15,000 francs ; et l'expérience a démontré que beaucoup de ces colons installés à grands frais, disparaissent dans l'espace de quelques années et que leurs lots sont vendus à d'autres colons. Du moment que ces lots trouvent des acquéreurs de seconde main, il serait plus simple pour l'Etat et plus avantageux pour ses finances de les mettre lui-même en vente dès le début.

Cette part faite à la critique, et bien qu'il eût certainement été possible de faire mieux, il faut reconnaître que l'œuvre accomplie en Algérie fait le plus grand honneur à la France. L'Etat a pu mettre à la disposition de la colonisation libre de la terre en quantité suffisante. Grâce à lui, la propriété européenne a pu atteindre en 1896, dans la colonie, près de 1,380,000 hectares, et elle s'accroît tous les jours.

Cette colonisation algérienne, dont au début on niait la possibilité, est devenue, malgré beaucoup d'erreurs et de fautes, une chose considérable et qui, si l'on examine les difficultés dont elle était entourée, mérite le respect et l'admiration.

Quelques chiffres ajoutés à ceux que nous avons déjà donnés au commencement de cette étude, achèveront de montrer à quel degré de développement les efforts soutenus de nos compatriotes ont porté cette grande œuvre. La valeur des constructions agricoles (maisons et dépendances) était en 1896 de 339 millions et celle des instruments agricoles en usage de 25 millions. Les défrichements croissent, du fait des colons européens, à raison de 18 à 20,000 hectares par an. Il y a actuel-

lement plus de 600 villages français en Algérie et
8,200 fermes. Chaque année, 800 à 900 colons viennent
s'ajouter à ceux déjà fixés dans la colonie. La somme
payée annuellement aux indigènes sous forme de salaire
varie de 30 à 35 millions de francs, ce qui montre bien
les services réciproques que se rendent l'un à l'autre
les deux éléments de la population.

Malgré cela, beaucoup de choses restent encore à
faire. Ce qu'il faut à l'Algérie, comme dans toutes les
colonies, ce sont des colons et des capitaux.

Malheureusement notre pays, dont la population est
obstinément attachée au sol natal, et où, d'ailleurs, à
aucune époque les familles n'ont eu beaucoup d'enfants,
n'a jamais fourni, contrairement à l'opinion reçue, un
grand nombre d'émigrants. Il en était autrefois comme
aujourd'hui, ainsi que nous le montrent les statistiques
d'émigrations au xviiiᵉ siècle. Et aujourd'hui la situation
présente est celle-ci : 20 à 25,000 de nos compatriotes
s'expatrient chaque année alors que l'on compte 260,000
émigrants anglais, 200,000 allemands, 170.000 italiens
et 130,000 russes ; et ces pays, malgré ces flots de sujets
qui émigrent, voient leurs populations s'augmenter
par les naissances. Il semblerait, quand on étudie ces
émigrations des peuples, qu'il y a là comme une nécessité qui devient une cause de vitalité et de prospérité.

Ce faible courant d'émigration en France, malheureusement encore, il faut l'ajouter, se porte peu vers
nos colonies.

En Algérie, où nous sommes établis depuis 1830 et
où la conquête est terminée depuis l'expédition de

Kabylie en 1857, on n'a recensé en 1900 que 364,000 Français de naissance, à côté desquels vivent 71,000 Français naturalisés et 219,000 étrangers, dont 155,000 Espagnols, 58,000 Italiens et 12,000 Maltais.

Près de la moitié de la population française, parfaitement acclimatée, est née sur le sol même de l'Algérie. Il naît environ 8,500 enfants français par an. Les familles de quatre ou cinq enfants se rencontrent fréquemment.

On évalue à 200 ou 250,000 les Français, presque tous Basques, qui, depuis cent ans, sont partis pour l'Amérique. Cette constatation, qui témoigne de la vertu colonisatrice de notre pays, n'en suggère cependant pas moins d'amères réflexions. Car combien l'Algérie serait plus prospère, si elle avait reçu une partie des émigrés et des capitaux qui se sont portés en Amérique et qui, par exemple, ont contribué à la fortune de la République Argentine !

On aurait tort de comparer la colonisation de l'Algérie à la colonisation du Canada ou de l'Australie. Le caractère de notre colonie du nord de l'Afrique est autre ; c'est une colonie mixte de peuplement et d'exploitation qui ne réclame qu'un nombre relativement peu considérable d'Européens et où l'émigrant, possesseur d'un petit capital, peut seul réussir.

L'Algérie compte plus de 4 millions d'indigènes attachés au sol. Toute la terre n'y est donc pas libre, sans maîtres. D'autre part, à l'exception de quelques tribus nomades, ces indigènes ne répugnent point au travail. Ils s'engagent volontiers chez les colons, se

contentent de salaires peu élevés et deviennent de bons
domestiques agricoles. A côté d'eux, dans certaines
régions, des émigrants espagnols, siciliens et maltais,
pauvres et sobres, offrent aussi leurs bras. Les simples
travailleurs des campagnes de France, habitués à une
vie moins misérable et plus confortable, ne sauraient
supporter une pareille concurrence.

Aussi l'œuvre colonisatrice en Algérie doit être
surtout entreprise par des capitalistes assez riches pour
acheter et mettre en valeur des domaines d'une certaine
étendue, 100 et plus d'hectares. Ils appelleront auprès
d'eux des familles de paysans français comme contre-
maîtres, maîtres-valets, etc. ; ces derniers formeront et
dirigeront les ouvriers indigènes et étrangers.

A côté de ces gros colons, il y aura place aussi pour
les petits qui, possédant 30 à 50 hectares, laboureront
eux-mêmes leurs champs et soigneront leurs vignes. Ce
sont ces petits colons qui, répartis à l'heure présente
dans les différents centres créés dans les trois départements algériens, constituent la majeure partie de la
population française implantée au milieu des groupes
indigènes.

Mais il importe que l'émigrant qui veut devenir
petit colon possède en propre, quand même l'administration lui donnerait la terre, un pécule d'au moins 6 à
3,000 francs. Il lui faut, en effet, se construire une
maison, acheter des bêtes de labour et de somme, des
semences, des instruments agricoles, payer des ouvriers
indigènes, et vivre en attendant la première récolte qui,
pour comble de malheur, peut encore être mauvaise.

La grosse erreur de la colonisation officielle a été d'introduire dans le pays, pendant bien longtemps, des milliers de gens sans ressources et qui souvent même ignoraient le travail de la terre. Le métropolitain, venu en Algérie avec des ressources insuffisantes, végète misérablement sans profit pour lui et pour la colonie.

Pour éviter ce mal, la Tunisie a repoussé le système des concessions gratuites : toutes les terres y sont vendues ; mais par voie de conséquence, les petits colons y sont jusqu'ici très peu nombreux.

Le Gouvernement de l'Algérie devrait faire encore plus d'efforts pour attirer les Français dans la colonie. Malheureusement les Algériens, dit-on, se soucient peu de voir arriver au milieu d'eux des Français de France. On pense dans les trois provinces que les concessions doivent être accordées aux fils de colons de préférence aux immigrants. Les nouveaux venus sont des intrus avec lesquels il faudrait partager et les terres et les faveurs administratives.

Les gouverneurs généraux, qui ne savent pas résister aux sollicitations, quelquefois impérieuses, des élus de la population algérienne, ont consenti, depuis longtemps, à ce que la moitié des concessions fût réservée aux Algériens. Les concessions sont, hélas ! dit-on, en Algérie, de la menue monnaie électorale. Voilà des errements qu'il faudrait corriger, si l'on veut installer des Français en Algérie. Un courant de réaction contre ces abus, heureusement, se fait sentir.

Les Français ont déjà porté beaucoup de capitaux en Algérie pour y exécuter de grands travaux publics.

D'autres travaux très importants demandent encore des capitaux. Les moyens de communication, les chemins de fer, les routes, ne sont pas en proportion avec l'étendue du pays ; des forêts de chênes-lièges demeurent inexploitées faute de chemins forestiers indispensables ; des travaux de captation des eaux pour parer à la sécheresse restent à construire. En un mot, beaucoup de travaux indispensables sollicitent des capitaux pour être exécutés et concourir à la prospérité de la colonie.

Mais, de l'avis de tous ceux qui ont étudié les questions algériennes, pour arriver à cette prospérité désirable, en dehors des travaux publics de colonisation à entreprendre, beaucoup de réformes financières, administratives et d'économie politique s'imposent : Il y a, dit-on, trop de fonctionnaires en Algérie ; il y a beaucoup de gaspillage dans les finances communales surtout ; le régime politique et administratif est désastreux, etc. L'Algérie doit avoir un budget spécial avec une autonomie propre. Ses recettes, par suite de gaspillage, n'équilibrant pas ses dépenses, elle compte trop sur les vingt et quelques millions que la métropole lui fournit, sans compter les cinquante millions du corps d'occupation, etc.

Ce sont bien des questions qui, à la rigueur, pourraient être traitées ici, mais qui ne rentrent pas dans notre programme. Nous laissons le soin de les étudier et de les publier aux économistes qui seront en ce point plus compétents que nous.

Quoi qu'il en soit de son état actuel, il est certain que l'Algérie, par son agriculture, par son commerce, par son industrie, par ses mines et par tous les produits de son sol, est appelée à un bel avenir. Pour l'acquérir, la conserver et mettre en exploitation ce sol que d'autres nous envient, la France a fait bien des sacrifices. On n'estime pas à moins de 3 milliards et demi à 4 milliards les sommes qui y ont été dépensées. Mais, si l'on songe au nombre déjà respectable de Français qui y vivent, aux énormes capitaux qui y trouvent un placement rémunérateur, au commerce toujours grandissant qu'elle entretient avec la mère-patrie, et si l'on pense qu'elle a été dans ce siècle notre première école de colonisation, on constatera que ces avantages n'ont pas été achetés trop cher.

Notre pays a accompli là une grande œuvre qu'il peut montrer avec orgueil.

G. DERVIN.

TABLE DES MATIÈRES

Epernay. — Imp, du *Courrier* (Henri VILLERS, Directeur).

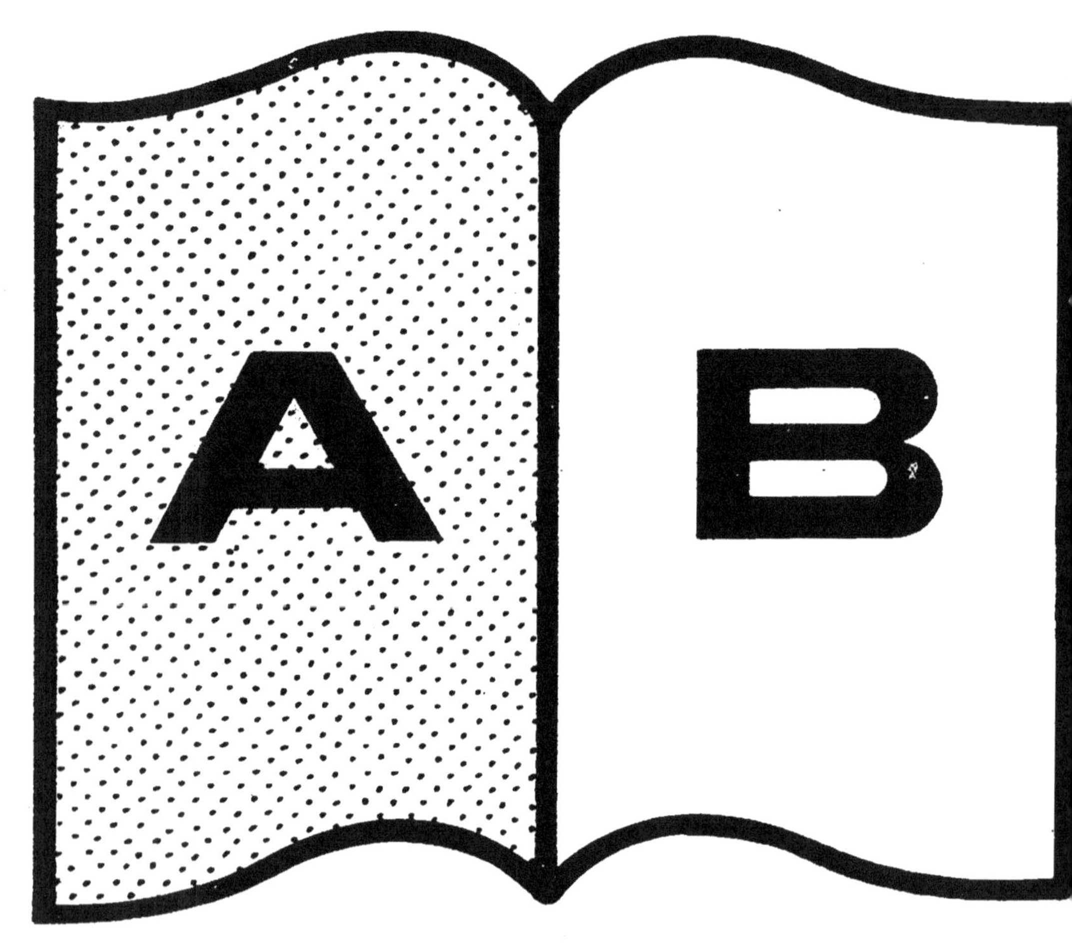

Contraste insuffisant

NF Z 43-120-14